¡DETENTE!
HAZ UNA PARADA EN TU VIDA

P. Rafael Delgado Suriel
(Padre Chelo)

¡DETENTE! HAZ UNA PARADA EN TU VIDA

Primera Edición, agosto 2020.
Con dos mil (2,000) ejemplares impresos.

ISBN: 978-9945-9243-0-5

Cuidado:
Padre Diómedes Ángeles

Diseño y Diagramación
Omar Vinicio Rodrígeuz García

Impresión:
Majoz Arteimpresos, S.R.L.
C/ 27 de Febrero esq. Ing. Guzmán Abréu
San Francisco de Macorís, Rep. Dom.
Teléfono: 809-244-1430 / 1454
Email: majoarteimpresos@gmail.com

¡DETENTE!
HAZ UNA PARADA EN TU VIDA

Índice

CAPÍTULO II: DEJA A DIOS SER DIOS EN TU VIDA

Biografía

APRECIACIONES

Felicidades Padre Rafael Delgado (P. Chelo)

Cada vez que alguien se atreve y tiene el coraje de escribir un libro, de inmediato hay que decirle felicidades y enhorabuena, porque eso supone trabajo, búsqueda y dedicación para poder hacer partícipes a los demás, de sus inquietudes, sus conocimientos y su convencimiento de las verdades que quiere transmitir.

Por eso decimos, que escribir es un arte y una de las artes más significativos, porque tiene como finalidad compartir ideas, opiniones, verdades, mensajes y puntos de vista, que están en su mente y en su interior y siente el interés por comunicárselas a los demás.

En el caso de este libro del P. Chelo, que se inscribe en el género que llamamos de mejoramiento y crecimiento personal y espiritual, eso se hace muy claro y evidente, porque los temas que él nos propone para reflexionar, nos invitan a entrar y adentrarnos en lo más profundo de nuestros corazones, para que nos ayuden a conocernos mejor, ver nuestras posibilidades y realidades hermosas que nos abordan, para que las sigamos cultivando, pero ver también nuestras pequeñeces, limitaciones y debilidades para superarlas.

Es un libro con un lenguaje sencillo, que tiene la virtud de hacerse accesible y comprensible para cualquier persona que quiera profundizar en su vida, para así vivir en alegría y en paz, incluso en medio de la tormenta, como dice la canción. No es un libro de lectura rápida sino de meditación y reflexión como se dice en el prólogo.

Pero otro gran mérito de este libro es, que nace de la experiencia vivida por su autor, que se propone hacernos partícipes de la misma, y por eso, nos invita a "ser sabios desde el espíritu", que significa: valorar y "vivir la vida como un gran tesoro", por la cual debemos "dar gracias a Dios en todo momento y sin desanimarnos", "sin perder la paz", viviendo nuestra vida "con optimismo y con alegría", por grandes que sean nuestras dificultades y problemas.

Pero me alegra también, porque este libro sale en un momento especial de nuestra historia; un momento donde una pandemia visita todos los países del mundo, haciendo estragos mortíferos en ellos, lo cual hace, que, hasta el más optimista de los seres humanos, pueda tambalearse y hasta caer en el pesimismo.

Este libro viene sí, a reafirmarnos aquellas sacrosantas palabras de Jesús resucitado, cuando nos dice: *"ánimo, no tengan miedo, que yo vencí al mundo"*, es por eso que les exhorto y les animo a que aprovechen estas reflexiones para "que tengan una alegría que nada ni nadie se las pueda arrancar".

Mons. Fausto Ramón Mejía Vallejo
Obispo de San Francisco de Macorís
10 de julio del 2020

De la abundancia al corazón habla la boca

El señor Jesús nos dice en su Palabra que de la abundancia del corazón habla la boca (*Cfr Mt 12,34*): *"El hombre bueno, del buen tesoro de su corazón saca lo bueno; y el hombre malo, del mal tesoro de su corazón saca lo malo; porque de la abundancia del corazón habla la boca"* (Lc 6,45).

El Padre Chelo es un hombre de buen corazón y por eso tienen que salir necesariamente cosas buenas de su noble alma. Su libro "¡Detente! Haz una parada en tu vida", no es más que el reflejo de sus sentimientos y de sus convicciones de que la confianza en Dios puede transformar cualquier situación humana y que lo único que el Señor pide a cambio es un abandono total a su infinito amor. Este es el mayor milagro de la vida: convencernos de que nada humano supera la infinita misericordia divina.

En su libro "!Dentente! Haz una parada en tu vida", demuestra el Padre Chelo que toda situación humana es posible superarse si se tiene a Jesús como *"Camino, Verdad y Vida"* (*Jn 14, 6*). Es un libro que nos puede llevar al encuentro consigo mismo, al encuentro con Dios y a una buena relación con los demás. Es un libro de crecimiento humano y espiritual, escrito con una actitud propositiva de la vida humana, porque cada uno de nosotros somos el milagro más grande de Dios. Somos su mejor obra.

Felicito a nuestro querido Padre Chelo por esta hermosa obra que nos regala, pues por medio de ella podemos alcanzar lo que todo ser humano anhela, desea y busca en esta vida, que es ser feliz. Pero la felicidad es imposible alcanzarla si no ponemos a Dios en el centro de nuestra existencia. La vida corre y no se detiene. Es como un torrente de agua que corre hacia un inmenso océano y sólo tendrá sosiego cuando se encuentre con Dios. De ahí la necesidad de hacer una parada en tu vida.

Que el Señor colme de sus bendiciones a las personas que tendrán la dicha de dejarse llenar de su amor por medio de la lectura, la reflexión y la meditación profunda de este libro.

P. Francisco Ant. Jiménez R.
Vicario de Pastoral Diócesis de La Vega

Este libro es un Tesoro espiritual

"¡Detente!, haz una parada en tu vida", posee un poder transformador inigualable. ¿Y dónde está el poder de este pequeño y gran libro? Está en el testimonio vivo de quien nos lo comparte: nuestro querido Padre Chelo.

Como corrector y primer lector de este libro, descubrí en cada tema y en cada expresión, cómo el autor nos va sumergiendo en los intrincados senderos del conocimiento y valoración de nosotros mismos, y cómo nos crea el hambre y la necesidad de Dios. Tanto, que sólo una vida en Dios cobra sentido, y una vida sin Dios es *"vanidad de vanidades"* (*Eclesiastés 12, 8*).

Defino este libro como un tesoro espiritual, que nos inspira a vivir con provecho y felicidad el dolor, la soledad, la cruz y toda prueba; que nos inspira a prolongar la vida entendiéndola y viviéndola como escucha, oración, servicio y obediencia a Dios desde los hermanos. Porque verdaderamente *"...hay mayor alegría en dar que en recibir"* (*Hechos 20, 35*).

El Padre Chelo es tan feliz porque vive dando y dándose a sí mismo. Aprovecha esta entrega especial.

P. Diómedes A. Angeles Fernández.

DEDICATORIA

Quiero, como un homenaje póstumo, dedicar este libro a mis inolvidables padres: Sinencio de Jesús Delgado y Gertrudis Suriel por sus hermosas lecciones de la vida diaria, pues fueron desde su sencillez y humildad, los mejores maestros. Ellos, desde la más baja pobreza y sin estudio alguno, dieron a sus hijos las más ricas y sabias enseñanzas, nos alimentaron con los más altos valores, dándonos a beber en el cántaro de la escasez la fe, el amor y la honestidad. Hoy nos acompaña el retrato del recuerdo y las huellas indelebles que jamás serán borradas, pues han quedado grabadas en el espacio, en el tiempo, pero más aún, en los corazones de unos hijos, que día y noche sentimos la dulce compañía de esos dos grandes monumentos de la fe y estandartes de la esperanza.

Gracias Papá, gracias Mamá. Siempre sus hijos les recordaremos. Les pedimos la bendición.

AGRADECIMIENTOS

Por más que quiera ahondar en la grandeza de Dios y reconocer su infinito amor para conmigo, mis pensamientos no logran encontrar las palabras oportunas para dar gracias a Dios por ser, no sólo mi Creador, sino quien ha puesto en mí, la semilla del llamado sacerdotal y que por medio a su Hijo Jesucristo, cada día vigila mis pasos, dándome la fortaleza para mantenerme de pie en medio de tantas turbulencias.

Gracias a mi muy amada Madre La Virgen María, por cuidarme con tan alta ternura espiritual, y ser en mi camino sacerdotal mi gran debilidad. Como hijo, en tantos momentos de oscuridad, he sentido la claridad de su presencia haciéndome compañía.

Mons. Héctor Rafael Rodríguez, mi Obispo, quien no sólo es pastor al cuidado de sus ovejas, sino amigo cercano que se deja sentir. Gracias Monseñor por tener oídos de pastor, gracias por su delicadeza y su gran apoyo.

Agradezco a todos mis hermanos de sangre por su gran cercanía en todos los sentidos, por tener sus manos abiertas, tanto en los momentos de bonanzas como en las tormentas de mi vida. Al Padre Jesús, gran sacerdote y conquistador de almas, que además de hermano, siempre con sus palabras emotivas, me infunde ánimo. Gracias por ser un consejero y motivador en mis luchas. A Julita Del Carmen, porque ha estado presente en mi historia vocacional y en todos mis proyectos, haciéndolos suyos..

A las Hermanas Misioneras del Padre Fantino, mis hijas espirituales, quienes conmigo enfrentan luchas y desafíos, siendo bastón cuando tiendo a caer.

A las Hermanas pobres de San Francisco de Asís y Santa Clara. Sus oraciones son palancas que me motivan a seguir de pie y a no desmayar por pesadas que sean las cargas.

Madre Carmen, mujer de Dios, religiosa abnegada. Su testimonio para mí ha sido una bendición. Gracias por abrirme su corazón y aceptarme como un hijo. La quiero.

P. Bruner Dragon. Siempre te veré como un hijo. Te agradezco tus delicadas atenciones, tu gran testimonio de trabajo y oración. Gracias por ser tan buen compañero de trabajo.

A tantos buenos amigos que he encontrado en este duro y dulce caminar. Gracias amigos por estar ahí cuando los he necesitado. Que Dios bendiga cada paso que puedan dar para ayudar a la evangelización a través de uno de sus hijos.

Dedico estas últimas palabras al muy querido y apreciado Padre Diómedes Ángeles. Gran amigo, quien desde mis primeros días de entrada al Seminario para la vida sacerdotal, ha estado presente no sólo como amigo, sino también como un hermano dispuesto a extender su mano cuando le he necesitado. Gracias por tu gran sintonía conmigo. Un gran amigo es una chispa de luz en medio de la oscuridad.

Agradezco tus detalles, tus oportunas motivaciones, tu gran dedicación y disposición en la corrección de este libro.

PRÓLOGO

El libro que tienes en tus manos, estimado lector, no es una producción hecha para consumirse de una sentada y presionado por las prisas del mundo moderno. Es más bien un manual o mapa que te indica, paso a paso, el camino que te lleva al encuentro personal con Dios.

¡Detente! Haz una parada en tu vida está escrito para ti en particular, y por eso utiliza la segunda persona del singular. Más que una lectura, es un emocionante diálogo personal con Dios, para lo cual cuentas con la complicidad del autor, Rafael Delgado Suriel, (Padre Chelo).

Esta obra es rica en imágenes y comparaciones que facilitan la comprensión del mensaje. En cada párrafo vas a sentir que se habla de ti, de tu vida, tus penas y alegrías. Es una especie de película en la que eres el protagonista.

Desde el principio hasta el final este escrito transpira paz, optimismo, confianza, seguridad; no importa que tu vida esté siendo zarandeada por el oleaje de las dificultades del día a día, en este mar de la vida.

Igual que las señales que encuentras en carreteras, calles y avenidas, este libro te irá advirtiendo de las trampas y peligros del camino hacia el encuentro personal con Dios, pero al mismo tiempo, el autor te toma de la mano y pone a tu servicio sus vivencias y experiencias, para que vayas superando los obstáculos.

Dios es sentido, razón, explicación y causa de la existencia humana. Fuera de Él, la vida humana es incertidumbre, inseguridad, miedo, tinieblas. Al orar, más que leer, en esta obra irás encontrando armonía, confianza y la plenitud que sólo Dios puede dar.

No desaproveches la oportunidad de disfrutar de la vivencia espiritual que fluye de cada párrafo. El autor se deja rebozar de la presencia de Dios y del mismo modo, logra inundar a cada lector.

El Dios que vas a encontrar en esta lectura no rechaza ni descalifica el mundo cuadrado de tu razón, pero prefiere ir directamente a tu corazón, para hacer de él su morada. No se lo impidas.

El verdadero conocimiento de Dios no está en el concepto, sino en el encuentro personal con Él y el lugar privilegiado para el encuentro es tu propio interior. Como dice San Pablo a los atenienses, ***"Dios no está lejos de nosotros, porque en Él vivimos, nos movemos y existimos" (Hech.17, 28)***

En un estilo proverbial, "Detente, haz una parada en tu vida" te orienta, instruye y te lleva a la presencia de Dios. Te aleja de las cañadas oscuras y las sendas pedregosas y te conduce por caminos de paz.

Ponte cómodo, procura el silencio, despeja tu mente de las preocupaciones de la vida y conságrate a la lectura profunda de este testimonio de vida. Su matiz existencial tocará tu vida y ya no te será posible seguir igual.

Te aseguro que, si te concentras en la lectura, tu vida tendrá un antes y un después. Esta obra chorrea sabiduría divina porque está sustentada en la Palabra de Dios, por eso en cada sentencia, advertencia o consejo, Dios mismo te habla.

Recomendaciones para la lectura

– Para un mejor aprovechamiento de esta lectura, es recomendable no hacerla de una sentada, como si leyeras un cuento o novela.

– Esta lectura debería ser lo primero que hagas en el día, cuando tu mente es idónea para recibir mensajes que te lleven al encuentro con Dios y contigo mismo.

– Hazlo a modo de oración o diálogo personal con Dios: silencio interior, ojalá que, en el mismo lugar, a la misma hora. Así conviertes esta lectura en un ritual.

– Durante el día vuelve sobre esa lectura de la mañana, recuerda algunas de las expresiones, citas bíblicas o experiencias que más te tocaron.

– Aunque otro lo lea, este es tu libro, tu mapa, el que marca la ruta de tu vida. Por tanto, puedes subrayarlo, escribir al margen, identificar citas con colores distintos, de acuerdo al tipo de mensaje o experiencia que viviste.

– Date la libertad de digitar, en letras grandes, algunas frases o expresiones. Imprime y colócalas en lugares visibles, que acostumbres frecuentar durante el día.

Lic. Luis Federico Santana

CAPÍTULO I:
SÉ TÚ MISMO, TÚ PUEDES

"Todo lo puedo en Cristo que me fortalece"
(Fil. 4,13)

1. Si quieres prosperar, deja que Dios sea tu mejor consejero.

La vida se va alimentando de buenas y malas decisiones, de luces y sombras que van permitiendo buenos y malos momentos. No siempre las personas saben tomar los mejores caminos. Hay días claros como oscuros. A veces puedes andar sin tropezar, pero hay días que no te levantas del suelo, pues habrás elegido para transitar el peor de los caminos. Es por eso que debes aprender a tomar como referencia a Dios. Sólo Él sabe lo qué te conviene o no. De Él, recibirás los mejores consejos, como las mejores palabras; pondrá en ti y en tus oportunos momentos, cuanto Él crea que tú necesitas. Acuérdate que Dios es perfectísimo e irá colocando cada cosa en su lugar, en el tiempo y en el espacio que sea mejor para ti, pero debes esperar, creer y tener paciencia. Dios no te quedará mal. Entonces, en cada decisión que tomes, siempre habla con Él, y pondrá en ti los mejores consejos que tú irás descubriendo en el acontecer de cada día.

Nunca olvides, que ***"Lo que para ti es imposible, para Dios es más que posible" (Mt 19, 26)***. Esto te ayudará a no hacer nada pensando en ti y contando con tu sola sabiduría, pues fácilmente puedes fracasar. Dios te ayudará a descubrir el secreto más oscuro para la razón humana y pondrá luz en medio de la oscuridad, como también, las fuerzas que puedas necesitar en los momentos más frágiles de tu vida. No te dejará tropezar, más bien, te conducirá por lugares seguros, por caminos rectos y firmes. Con Dios será más fácil el camino, y pondrá más constancia en ti para vencer hasta lo imposible, de manera que, deja que

Dios sea siempre tu norte, hacia dónde debas ir y con quién debas consultar hasta las más mínimas decisiones, pues pondrá en ti la luz que en tu caminar necesitarás.

"Si pones a Dios en todo lo que haces, lo encontrarás en todo lo que acontece". La vida es un rompecabezas, tú tienes todas las piezas, pero no sabes armarlo. Sólo dale participación a Dios quien conoce todas las piezas y sabe colocarlas según su lugar. Es la única manera de entender y darle sentido a la vida. Si no es así, entrarás por un laberinto oscuro y nunca encontrarás salida. No dejes que tu vida sea una enredadera o un callejón sin salida. No te olvides, donde Dios está, todo sale bien. Los poderes sin Dios se derrumban; las empresas sin Dios se van a la ruina; las familias sin Dios se destruyen; el hombre sin Dios fracasa, pues cuando piensas que andas bien, al final del camino, te llega la desgracia por no darle a Dios su lugar y tomar el camino equivocado.

Desde que asome la luz del día y quieras tomar una decisión, piensa que Dios espera por ti. No inicies solo, sin consultarlo con Él, ya que la noche puede llegar antes del tiempo señalado. Deja que Dios sea el gran artífice de tus actividades, como de todo tu acontecer. Él armonizará cada segundo de tu vida y pondrá buen sabor a todo lo que puedas ver y tocar, pues Él será como la pieza armónica que pondrá melodía a toda tu existencia.

2. La vida sin Dios no tiene sentido.

Dios nos proporciona la gracia que necesitamos y nos conduce por el camino de la salvación, pero por conveniencias propias nos apartamos del camino. Es lo que sucedió con Adán y Eva, que habiendo sido colocados en el paraíso *(Cfr. Gén 2)*, desobedecieron a Dios, pues se dejaron seducir por la serpiente, quien les despertó el apetito por el árbol que Dios les había prohibido comer. Y este apetito indica no sólo desobediencia, sino también soberbia, orgullo, prepotencia, envidia, lujuria. Es decir, todo lo que indica pecado y que nos separa de Dios, de la felicidad plena.

Es lo que pasa hoy, enfrentamos una guerra fría entre la vida y la muerte, la gracia y el pecado, la luz y la oscuridad. El enemigo tiene al hombre de hoy muy envuelto. Las muchas ocupaciones que tenemos nos van impidiendo la identidad con Dios, nos van introduciendo en un mundo vacío y sin sentido. Es como ir entrando cada vez más a una caverna profunda donde sólo hay oscuridad y frío; donde experimentamos la ausencia de Dios, porque colocamos antes que a Dios estas brújulas humanas: dinero, placer, comodidad, vanidad, que nos empujan a perder el horizonte realizador de nuestra existencia humana: Dios. Como bien nos ha dicho San Ignacio de Loyola: **"Todo hombre ha sido creado para alabar a Dios"**.

El orgullo y la vanidad nos han ensordecido, y por eso ya no escuchamos a Dios. Hemos llenado el corazón de arrogancia, y este paso en falso nos ha llevado a vivir en un mundo de mentiras y falsedades. Todo esto nos ha ido apartando de Dios y nos ha hecho viciarnos en un mundo placentero que nos ha arrancado el sentido de por qué fuimos creados y qué es lo que Dios quiere para nosotros.

Al vivir separado de Dios, eres insensible a su amor, lo que te convierte en un monstruo para los demás. Las personas no te interesan, y por eso con ellos eres insolente, los odia, pues los mira con los ojos de la competencia, actitud esta que no te permite tomarlos en cuenta, y no los aceptas como tus hermanos. Ese Dios lleno de amor y de ternura quiere abrirte no sólo el espacio de su misericordia como Padre, sino también su corazón para que sientas que la única manera de poder amar a los que te rodean es sentirte amado por Él. Es ahí donde la vida recobra el sentido infinito de la creación. Deja que Dios sea Dios, y aprende a colocarte en el espacio de creatura débil, frágil y pecadora, pues sólo eres alguien si estás y permaneces en comunión con Él.

Cuando sientes la ausencia de Dios, te experimentas lejos, transitando por largos caminos sin llegar a la meta. En el trayecto te abraza la sed y el hambre, te quema el sol y con el riesgo de que cualquier alimaña te haga daño. La angustia y la desesperación te alcanzan hasta hacerte enloquecer. Pero a su vez se ausenta la fe y la esperanza se aleja. Por ahí pasas tú y pasamos todos. Es lo que toca vivir al profeta Elías *(Cfr. 1Reyes 19, 4-8)*, se derrumba sin fuerzas en el camino, siente que todo termina, todo para él es reflejo de oscuridad. Tiende a dejar que la razón nuble tu fe y que la noche apague la luz que quiere surgir en medio de esa penumbra.

El mismo Elías, en medio de la gran desesperación escuchó la voz de Dios que le dijo: **"Levántate", es hora de seguir el camino,** de no detenerte en medio de la espesa noche, sino de seguir, pues el camino es largo, pero las fuerzas vienen de Dios. Por más que luches y te afanes, si no colocas a Dios en el centro de tu corazón y le das su espacio, todo lo que hagas y decidas en tu vida, será en vano y para nada. De nada te servirá construir una hermosa casa, tener unos hijos y una pareja, tener un lujoso carro, dinero en el banco, trajes finos en tu closet. Tenerlo todo, pero sin Dios te conduce por la cañada oscura del sin sentido, que es la antesala de la tristeza profunda, de la depresión y hasta de la separación de Dios. La sentencia de San Marcos es lapidaria: ***"¿De qué le sirve al hombre ganar el mundo entero si pierde su alma?" (Mc 8, 36).***

Triste será para ti el final del camino cuando todo termine y te des cuenta que nada ha quedado para que otros te recuerden, y por eso hasta las pocas huellas de tu existencia serán borradas. Y peor aún, tus manos llegarán vacías ante el juez supremo. Es que si no sabes a qué viniste a este mundo, nunca sabrás a donde llegarás. Si no sabes cómo iniciar una meta, tampoco sabrás como terminarla. Quien vive una vida sin Dios, sin Dios terminará.

Los horizontes de tus días serán oscuros, si turbado vives la vida. No dejes que las contrariedades, las situaciones por las que pasas, las perturbaciones que a diario enfrentas, apaguen la sed que existe en la oscuridad de tu corazón de ser lo que debes ser y llegar a donde Dios te ha propuesto llegar. Si no lo haces así, te avergonzarás de ti mismo y al final de tus días, te mirarás como un desgraciado que nunca se detuvo a escuchar la voz de Dios.

Te invito a revisar tu agenda de vida. Es posible que tengas otras actividades que ocupen todo tu tiempo porque te hacen sentir bien, ponen tu cuerpo en forma, quieres compartir con tus amigos, ir a una fiesta, más tiempo al gimnasio, al salón, a una tienda, al computador, al celular; y por otro lado sientes que Dios te quita tiempo, te aburre rezar o ir a la iglesia, y decides separarlo de ti. Eso significa que tus cosas han ido llenando cada espacio de tu vida, cada espacio de tu corazón, y que ya todo lo tienes planificado sin Dios, el cual no entra en tus planes, y si acaso le das un poco de tiempo, es el que te sobra. San Mateo una vez más es oportuno y contundente: ***"Donde está tu***

tesoro, ahí está tu corazón" (Mt 6, 21). Si en tus principales ocupaciones le niegas la entrada a Dios, entonces tu vida estará llena de confusión, desarmonía, tristeza, soledad, y nada dará sentido al mundo donde vives, porque sacar a Dios de ti equivale a morir.

En el mundo espiritual y real, la siguiente es una verdad prácticamente matemática: **Si vives sin Dios, vives inclinado al mal.** ¿Y esto por qué? Porque tu corazón se llena de mentiras, odios y vanidades. No puedes ser reflejo del amor auténtico, y por tanto, tus miradas van cargadas de malicias, tus palabras llenas de resentimientos, dejando a los demás manchados con el veneno de la maldad. Hablas y actúas según lo que llena y satisface tu ambición desviada. En definitiva, al vivir y caminar sin Dios, cometes actos que te envuelven en un estado interior de desgracia y caminas sin saber por dónde lo haces, perdiendo el rumbo de tu dirección.

Sólo te digo: dale participación a Dios cada segundo de tu vida, y no le impidas que Él sea parte de ti. Él enderezará tu senda, pondrá luz al caminar, y te llevará como dice el Salmo: ***"Por cañadas oscuras a buen pasto sin que tengas que tropezar" (Sal 23).***

3. Dar gracias a Dios.

Recuerdo una frase que, siendo seminarista, vi grabada en la pared de la Capilla del Seminario: "Agradecer es propio de quien sabe recibir con amor" *(Erick Fromm)*. Cómo no agradecer a Dios todo lo que pone a mi disposición. Mientras más contemplo a Dios con todas sus grandezas y todas mis fragilidades y pequeñeces, más se abre mi entendimiento para agradecer su infinito amor y me pregunto: ¿Por qué Dios me ama tanto si yo sumo tan poco a la creación? Sólo puedo verme como una gota de agua en ese océano inmenso y decir: Gracias, Señor. ¿Quién soy yo para que me tengas en cuenta? Así me detengo y siento que todo cuanto existe en mí es un motivo para agradecer a Dios. Me faltarán días para darle gracias, pues con su inmenso amor y misericordia se detuvo, se fijó en mí e hizo de mí una de sus hermosas criaturas.

Si tienes una perla fina siendo pobre de mente, de espíritu y materialmente, esa perla en tus manos valdrá poco o nada, pero en manos de un hacendado con cultura y conocimientos dicha perla será valiosa, y difícilmente saldrá de ella, precisamente por su gran valor. **Te doy una gran noticia: esa perla fina eres tú.** Pero vales más que ella. Sin embargo, no valoras tu vida, ni lo que eres, ni lo que Dios ha puesto en ti; por eso juegas con tu vida, la desprecias y no agradeces a Dios lo que cada día hace por ti. Reconoce que para Dios eres esa perla fina que puesta en sus manos tiene el más alto valor. Y Dios no te abandona porque sabe que tu precio es muy alto. Él te valora porque como perla fina tienes un brillo diferente a todas las demás perlas, con propiedades y características propias. **Eres uno, único e irrepetible.**

Como perla Dios te ama con infinito amor, tanto así que envió a su Hijo a derramar su sangre en rescate de tu alma. Él pagó por ti y lo hizo a precio muy alto: ***"Tanto amó Dios al mundo, que entregó a su Hijo único, para que quien crea en Él no muera, sino que tenga vida eterna" (Jn 3, 16).*** Sus miradas se detuvieron en ti y te miró con amor eterno. Te creó a su gusto y a su manera. Se deleitó en ti como Creador.

Eres por tanto perfecta hechura de Dios. Dale gracias por lo que ha puesto en ti. Si eres lo que eres, es porque Dios así lo determinó. No te quejes porque eres pobre o rico, piensa que otros viven peores que tú. Cuando apenas puedes comer un pan, otros no han comido nada; cuando te quejas porque te llega una enfermedad, hay otros que han muerto; cuando te cobijas en una sencilla casa y te quejas por tu pobreza, otros viven debajo de un puente. Tanto el que tiene facilidad para vivir como el que no la tiene, ha de dar gracias a Dios, pues todos fuimos creados por Él y con todas las posibilidades para llegar y entender la salvación. Sólo aprende a agradecer a Dios y ver su obra desde tu pequeñez.

Sobradas razones tienes para agradecer a Dios por el don de la vida. Cada día lo llena de hermosos espacios para que en ellos puedas recrearte y contemplar las maravillas de la creación. Te regala una familia, un hogar y todo lo que te rodea, pero, además, te regala tus ojos para que, a través de ellos, puedas darte cuenta de todo lo que Dios puso a tu disposición. Cuántos nacieron ciegos o perdieron la vista y aun así glorifican el nombre de Dios. Te regaló tus oídos para escuchar las dulces melodías que están sólo para ti, y cómo el medio natural se dispone para que puedas oír que todo te habla de Dios; y la misma naturaleza se abre para que a través del suave chillar del viento, escuches cómo se une lo sobrenatural con lo natural para hablarte de Dios. Cuántos nacieron sordos o perdieron la audición, sin embargo, tú tienes ese don.

Además, puedes hablar sin dificultad. Y la pregunta obligada: ¿por qué en vez de dar gracias a Dios por el don del habla, tú maldices, te quejas, peleas y desagradas a Dios por tu negación a aceptar las cruces y pruebas en tu vida? Esta actitud te convierte en un desagradecido que no reconoce la grandeza de Dios. Cuántos han querido hablar y no pueden, pues son mudos o así nacieron. Si tienes ese don, aprovéchalo y deja de ver la vida desde el punto negro. Busca siempre la parte hermosa que tienes, y de ella, agradece a Dios que todo lo ha creado para bien de cada hombre o mujer. Todo lo creado por Dios es para ti, está a tu servicio y para alegrar el estado de tu alma.

No eres una máquina, o un robot, sino un ser bello y diferente a todo lo que te rodea: inteligente, pensante, capaz de decidir y elegir, con posibilidades de crear y descubrir. Dios ha puesto el tiempo y el espacio a tu disposición para que puedas transformar y administrar todo cuanto te rodea.

Saber dar gracias a Dios es un don y lo poseen los humildes y sencillos que, desde el silencio, y hasta desde el sufrimiento, se atreven a reconocer la grandeza de Dios. ***"Te alabo, Padre, Señor del cielo y la tierra, porque has ocultado esas cosas a los sabios y entendidos, y se las has revelado a la gente sencilla"* (Mt 11, 25).**

Dios merece tu gratitud tanto en los momentos buenos como en los difíciles, en la calma como en la tormenta, en el día como en la noche. Es una realidad tangible: Dios no es ajeno a lo que te sucede y acontece. Siempre está atento a tus necesidades. El permite las pruebas para que detrás de ellas puedas descubrirlo, y así purificar tus intenciones y también tu alma.

Las pruebas no son una desgracia sino una gran bendición, y te acercan a Dios, te dan entendimiento, fortalecen tu vida llenándola de experiencias. Y algo más profundo y productor de felicidad: las pruebas pueden convertirse en el canal más idóneo para que descubras el cielo y alcances una plenitud de vida firme y segura. Así nos lo atestigua la Escritura: ***"Hijo mío, cuando te acerques a servir al Señor, prepárate para la prueba; mantén el corazón firme, sé valiente, no te asustes cuando te sobrevenga una desgracia; pégate a Él, no lo sueltes, y al final serás premiado". (Eclo 2, 1-3).*** Así que convéncete, Dios merece tu agradecimiento en la abundancia, en la escasez, en la salud, en la enfermedad. Dios está todos los días y en todos los espacios de tu vida.

La fe comienzas a entenderla cuando miras a Dios caminar en el día y la noche, en las buenas y en las malas. Lo que crees negativo, lo permite para tu bien. Pero además de este descubrimiento y convicción, cuando despiertas y encuentras a Dios en tu propio sufrimiento, entonces te abres en comunión y en fe para paliar el dolor y el sufrimiento de tantos que, como Cristo, cargan cruces pesadas e injustas, hasta el colmo del martirio. Pero es ahí donde crece también tu fe, y desde ésta, por el sufrimiento, agradeces a Dios.

Dios es un regalo y no todo regalo. Es el mejor de los regalos. Se ha entregado a ti y ha abierto tu corazón a su infinita majestad como a su infinito amor. Su expresión de amor la encuentras en cada momento del día cuando vives la comunión con Él, la cual te lleva a darle gracias por la vida, la familia, el trabajo, la salud y también, por lo que crees que es negativo para tu crecimiento humano. Agradece a Dios por todo. **Agradeciendo a Dios por todo aireas tus pulmones, haces fluir la sangre en tus venas, un remanso de quietud y paz invade tu ser, la felicidad se adueña de tu alma.** Y todo ello es una gran conquista de salvación, fruto del agradecimiento.

Todo lo que respiras te habla de Dios porque todo lo ha pensado y creado para ti. En ti también pensó antes de crearte. Quiero que hagas esta **oración:**

*"Gracias mi Dios por amarme tanto, sin merecerlo y poner todo a mi disposición; para ti nada está lejos ni cerca, todo es presente en tu presencia, lo conoces todo. Me pongo en tus manos. Haz que todo lo que vea, lo que toque, lo que sienta, lo que escuche; si es negativo, aprenda a transformarlo para ti; si es positivo aprenda a verlo como regalo de tu inmenso amor. Gracias por todo en todo". **Amén.***

4. Criatura inmensa de Dios.

Si quieres volar alto en la vida espiritual, descubre lo que Dios piensa de ti, y no te fijes tanto en lo que tú piensas de ti mismo, que es infinitamente limitado y que te conduce a vivir carente de las grandezas del amor de Dios. Asimila tus pequeñas limitaciones, que se convierten en obstáculos y te van quitando la visión de poder contemplar lo hermoso y delicado que es Dios contigo. Así, descubrirás a Dios en las más pequeñas cosas que hagas cada día y las harás diferentes. Las rutinas diarias, las transformarás en obras hermosas de Dios y podrás verlas como caminos de santificación y medios para servir a los demás.

Sin Dios eres nada y vacío, pero con Él lo eres todo y muy fecundo. Eres alguien lleno de Él, eres tesoro de su gracia. Naciste para triunfar, no para vivir en miserias escalofriantes que quiten la dirección de tu vida y te separen de la perfecta intención que Dios tuvo para ti al crearte. De modo, que al ser creado y fijarse en ti, como una obra maestra de Él, puso en ti todas las posibilidades y capacidad para vivir como un príncipe, pues eres Hijo del Rey. Nunca te menosprecies, lo contrario, valora lo que eres como criatura, valora de dónde vienes y hacia dónde vas. Si tienes esto claro, tendrás siempre una estrecha relación de amistad con el Creador y esa comunión con Él, será suficiente para que nada de este mundo detenga tus miradas llenas de esperanzas, pues tu corazón estará puesto sólo en Dios.

5. Sólo Dios llena tu corazón.

En la vida nuestra cruzamos por situaciones muy difíciles, y aunque busquemos alivios, nos introducimos cada vez más a esa noche oscura donde se nos apaga la esperanza y donde no encontramos un poco de luz por ningún lado. Pasamos las peores tormentas que hasta nos hacen perder el sentido más hermoso de la vida. Es lo que sucede con María Magdalena, la cual tenía facilidades para vivir en la sociedad: era una mujer hermosa con comodidades y dinero, pero metida en un mundo vacío; le acompañaba la soledad, la tristeza y el sin sentido de la vida. Nada daba sabor ni color a su vida. Hasta que escuchó hablar de Jesús, el que devolvía la vida, la alegría, el que rompía las cadenas del pecado y daba paz al corazón. A ella llegan esos comentarios de los que habían tenido un encuentro personal, sanador y renovador con Jesús.

Nos dice el texto del Evangelio: *"Una mujer, pecadora pública que vivía en la ciudad, al enterarse de que Jesús estaba comiendo en casa del fariseo, se presentó con un frasco de perfume. Y colocándose detrás de él, se puso a llorar a sus pies y comenzó a bañarlos con sus lágrimas;*

los secaba con sus cabellos, los cubría de besos y los ungía con perfume". (Lc 7, 36-38).

Impresionante el encuentro de María Magdalena con Jesús. El dolor que lleva dentro esta mujer es grande, se siente despreciada, pisoteada, traicionada, burlada, envuelta en la soledad, desgarrada por la tristeza, pero más que todo, metida en lo más profundo del pecado, separada de Dios, lo que le ocasionaba la más terrible angustia, vacío y deseo de muerte.

Esta mujer experimentó lo más negro de la vida humana, donde llega todo el que camina sin Dios, el que pone el corazón en las cosas de este mundo, como la vanidad, el placer, el tener o poder. Todos estos bienes, aunque te hacen sonreír, llega el momento que te hacen llorar, y te arrastran a precipicios oscuros, solitarios y tristes.

Sé que si has estado lejos de Dios también te ha pasado o estarás cruzando por lo mismo que cruzó María Magdalena. Pero ella escuchó hablar del único que podía devolverle la vida, de aquél de quien tantos hablaban por Israel que le había devuelto la alegría y la paz, y ella por lo que había escuchado, corrió a sus pies, se humilló y reconoció sus miserias, su pequeñez y su gran separación de Dios. Jesús al ver su humildad y sinceridad, la miró con amor y le devolvió la paz y la vida. Este volver a la vida y a la paz sólo se alcanza con valentía.

Hoy te toca a ti, no importa por la situación que estés pasando. No sé si esa tristeza o la depresión está acabando con tu vida; o si la soledad te ha llevado a tomar la decisión más terrible que pueda existir; si esa amargura te ha quitado el deseo de vivir, y más aún, si ese pecado o esa vida fácil te ha separado de Dios. O si ya sientes que Dios no te sirve de nada y todo esto te ha ido internando en un mundo confuso, tortuoso y hasta lejos de ti mismo. **Sólo quiero inquietarte a que te plantees y decidas por un acercamiento a Jesús.** Hazlo como lo hizo María Magdalena, que reconoció sus miserias, dejó atrás el orgullo y el qué dirán. Para ella lo más importante era encontrarse con Jesús y después de ese encuentro, que marcó y selló su vida, nunca más se separó de Él.

No temas, ven a Jesús, abre tu corazón, siente que sólo Él puede sacarte de esa terrible soledad o tormenta por la que ahora estás pasando. Él quiere darte vida nueva, a Él no le importan tus pecados, le importas tú. Él quiere que sientas su dulce mirada y su inmenso amor.

Sea lo que sea que te perturbe, ponlo a los pies de Jesús. No dejes que nada intranquilice tu corazón, que nada ni nadie ocupe el lugar de Jesús. Entonces te invito a no afanarte tanto por obtener cosas que sólo te sirven por un momento y para esta vida, pero pueden ser obstáculos para conseguir la vida eterna. **Permite que el Tesoro, Jesús, entre y llene tu corazón.** Esfuérzate por correr detrás de Él, y te aseguro que tu esfuerzo no será en vano. Mantén a Jesús como el centro de tu vida y por Él, todo lo que hagas y sientas, será diferente. Vivirás siempre alegre y todo a tu alrededor tendrá color y vida. Acuérdate, que como estés por dentro, así estarás por fuera. Si tu corazón está lleno de Él, a Él lo llevarás donde vayas y lo darás a conocer, pues Él te enseñará a sonreír y a ser feliz en las circunstancias más difíciles.

Oración: *"Señor mío y Dios mío, arranca de mí lo que me quita tu presencia. No permitas que nada ni nadie me aparte de ti. Que mi corazón sólo esté lleno de tu presencia. Que me falte todo, menos tú Señor. Se tú el centro de toda mi vida y la única* *razón de mi existencia. Gracias, porque no te fijas en mi pequeñez ni en mis miserias. Gracias por amarme como soy".* **Amén.**

6. Dios camina contigo y va delante de ti.

No intentes caminar solo. El mal vigila y es suspicaz e inteligente. No te sueltes de Dios. Él trillará tu camino que estará todo lleno de su presencia. Él va delante de ti, y aunque grandes piedras se levanten en tus sendas, jardines florecerán, se bajarán las montañas, y a tus pies caerán los enemigos. Sólo deja que Dios sea la antorcha que ilumine tus senderos. Deja que Dios sea lo que quiere ser para ti.

Si te haces acompañar de Dios encontrarás muchos obstáculos que querrán impedir la fluidez de tus pisadas, pero también, encontrarás tantos espacios concebidos y diseñados para que, al caminar avances rápido, con pasos firmes y seguros. No te detengas ni te desanimes cuando de momento tu horizonte se nuble. El miedo no debe ser parte de tu proyecto de vida. Sólo los cobardes temen lanzarse y de hecho nunca fracasan, pero tampoco triunfan. Nunca podré olvidar esta frase iluminadora: **"El que se lanza a hacer las cosas y fracasa, es mucho más digno de admiración, que aquel que nunca fracasa porque nunca se atreve a hacer las cosas".** Tienes una fuerza interna que te impulsa a enfrentar cualquier tempestad que te pueda llegar y que te hace sentir que Dios no se aparta de ti, que es el gran artífice de tu vida, quien armoniza todo tu existir.

A veces podrías creer que lo sabes todo y sentirte autosuficiente. Este pensar te hará falsamente entender que no necesitas de Dios, lo cual se constituye en el peor error y el mayor fracaso. Siempre Dios ha de ocupar la parte más importante de tu trayectoria, para que cuando lleguen las mordidas y tormentas, no puedan quitarte la paz. Serás fuerte y decidido, nada apagará la esperanza de saber que llegarás al final del camino, porque Dios guiará tus pasos y será la fuerza que te sostendrá. Cuando creas que vas a fracasar, ya Dios tiene todo resuelto, pues los que confían en Él, nunca quedan defraudados. Deja todo en sus manos y aunque todo esté oscuro, su luz resplandecerá sobre ti: ***"Encomienda al Señor tus tareas y te saldrán bien tus planes" (Prov 16, 3).***

Cada día tendrás que enfrentar nuevas batallas, pero también cada día Dios lo pone en tus manos para habilitarte con nuevas fuerzas, con nuevas armas para luchar como el mejor soldado. Por tanto, no tengas miedo, Dios tiene todo bajo control, y con Él delante, a nada has de temer. ***"El Señor es mi luz y mi salvación, ¿A quién temeré?, el Señor es el baluarte de mi vida, ¿De quién me asustaré? (Sal 27, 1).***

Deposita en Dios todo lo que pueda preocuparte. Así nada que no venga de Dios podrá ocupar espacio dentro de ti. Que ninguna situación por la que hayas pasado o estés pasando, te hagan pensar o hacer cosas que no quieres. Despeja tu mente, tu corazón y da paso a Dios para que protagonice toda tu existencia; esa será la única manera de sonreír aun en los momentos más negros que te puedan llegar.

7. Dios te ama.

Te has preguntado por el ¿Por qué de tu vida?, ¿Por qué participas de ella? Y la respuesta es simple: participas de esta vida por puro amor de Dios. Te la regaló Dios como un tesoro. Dios pensó en ti. Así lo declara el Señor en boca del Profeta Jeremías: ***"Con amor eterno te amé" (Jer 31, 3).*** Él te ha amado desde toda la eternidad y por eso te miró y se detuvo pensando en ti cuando fuiste creado. La gran bondad de Dios indica que te ama tal y como eres porque así te creó. No se fija en tus debilidades y pequeñeces, se fija en ti como creatura, pues eres un deleite por ser creación de Él. El amor de Dios es tan grande para ti, como tan grande es Él.

A veces no le encuentras sentido a lo que eres, a tu forma de ser y de existir, pero Dios lo que hace y crea lo hace perfecto y bueno. No hace nada que no tenga sentido y que no sirva. Son razones poderosas para que no te desanimes pensando que no eres nadie y que no puedes ver con claridad a qué viniste a este mundo. Eres perla fina en las manos de Dios.

Eres don de Dios y Él ha puesto muy dentro de ti el tesoro de su amor. Eres más: eres presencia del amor de Dios. Por tanto, si de lo que eres y tienes has de dar, estás llamado a ser instrumento y canal de ternura, de gracia y camino para que tantos conozcan la grandeza de Dios.

¿Ves que tienes motivos sobrados para dejar esa tristeza, amargura, aburrimiento y darle gracias a Dios por lo que ha hecho de ti? Piensa que, así como tú has dependido y dependes de tantas personas, también la vida de muchos depende de ti. Eres medicina para tantos enfermos, alegría para los tristes, descanso para los agobiados y vida para los que ya se creen muertos. Entiende que eres un don hermoso, creado para ser una fuente de amor y nutrir el caudal de muchos que se han ido secando por la falta de Dios. Ya deja de quejarte, agradece a Dios el ser criatura tan privilegiada y dile: Gracias, Señor, por hacer de mí un don y un instrumento de tu amor para que otros puedan llenarse de ti.

8. Todo pasa y Dios se mantiene.

El hombre ha querido llegar muy lejos y se ha creído muy grande. Su afán de grandeza le ha hecho ver lo que no es y lo que nunca llegará a ser. Ha distorsionado los privilegios que Dios le regaló, haciendo de ellos su propia tumba. Su engreimiento lo han arrastrado a vanagloriarse, creyéndose superior a su Creador.

Esto trae como consecuencia la separación de Dios, y por lo tanto, verse sumergido en el mar oscuro del encerramiento, donde no llega ni entra la fe, y sólo reina la razón, la cual permite que se vuelva necio e insensato. En este contexto Dios no cuenta ni vale nada, pero tampoco ocupa ningún lugar, pues la supremacía en la mente del hombre es el orgullo, la soberbia y la prepotencia. Lleno de confusión y equivocadamente se cree eterno y grande.

Reflexionemos. Sólo grande y eterno es Dios. Él tiene el control de todo cuanto existe, pues Él lo creó todo. Su reinado no tendrá fin, en Él no se cuentan los días o los años porque es eterno. ***"Tú permaneces, ellos perecerán" (Sal 102, 27).***

Sin embargo, los hombres hoy somos, mañana no seremos; hoy estamos, mañana no estaremos. Todo pasa, nada se mantiene; se mueren los pobres, también los ricos; pasan los días, pero también las noches; el campo se viste de verde, mañana de gris. En la noche brillan las estrellas, en el día pierden su brillo. En definitiva, sólo Dios permanece, no se muda, no cambia, siempre está: ***"Es el mismo ayer, hoy y siempre" (Heb 13, 8).***

Te aseguro que, a eso que has entregado tu corazón, un día no estará: sea hombre o mujer, carro o casa, tierra o dinero, etc., y todo esto lo que hará al final será apartarte de Dios. Con tu separación de Dios comienzas a crear el gran abismo de tu vida donde entrarás y no saldrás hasta que no reconozcas que sólo Dios puede ***"Dar vida y vida en abundancia" (Jn. 10, 10).*** El ser humano se muere, se aleja, se arruga y le pasan los años; igual el carro se pone viejo, pierde brillo y color; el amigo se va y no está cuando lo necesitas; el empleo lo pierdes cuando más necesitas el dinero. Es decir, todo pierde el sentido cuando Dios no está, porque todo termina y nada se mantiene; sólo Dios permanece y no varía. Tú y yo somos perecederos, seres contingentes, en cambio, Dios es eterno, no se muda. Para Él no hay tiempo, ni pasado, ni futuro, siempre es presente y está por encima de toda presencia, o sea, es omnipresente.

9. El camino de la gracia.

El camino de la gracia, es la vía que tomamos para llegar a la perfección y disfrutar de las verdades eternas a disposición de aquellos que se afanan, bajo pruebas y dificultades, en bien de alcanzarlas y obtenerlas. El camino a la perfección nos lleva a vivir día a día, con la luz del Espíritu Santo y aún en medio de tormentas y situaciones, a descubrir más allá de toda visión humana, el paraíso que espera para aquellos que, con amor, saben llevar su cruz.

La gracia no es más que el alimento suministrado por Dios a nuestras almas y que cada uno administra para el bien de su alma. La gracia es la presencia de Dios que actúa en nuestra vida para provecho personal. Sin la gracia o presencia de Dios, no podemos llegar al cielo, pues ella va alimentando nuestra vida diaria como el alimento que llega a nuestro cuerpo para nutrir la carne. La gracia que emana de Dios es como el manantial que brota de algún lugar de la tierra. En la medida que el manantial va corriendo, va siendo alimentado por otros pequeños ríos hasta llegar a ser un gran río. Eso es la gracia en nosotros, emana de Dios, pero va siendo alimentada por las buenas obras y va creciendo hasta hacernos personas muy de Dios y darnos la gran posibilidad de ganarnos el cielo.

> *"La gracia es el tesoro oculto en el campo por el que el hombre vende todo lo que tiene; es la persona preciosa por la que el mercader entrega todos sus bienes; es el reino de Cristo por el que el hombre se arranca el ojo que le escandaliza, es la llamada de Jesucristo que hace que el discípulo abandone sus redes y siga. La gracia es el evangelio que siempre hemos de buscar, son los dones que hemos de pedir, es la puerta a la que se llama" (BONHOEFFER, DIETRICH; EL PRECIO DE LA GRACIA. El seguimiento, verdad e imagen, Sígueme, 4to Ed., pág. 16, 1995).*

Seguir a Cristo cuesta porque cuesta la vida. La gracia tiene un alto precio. En ella se condena la vida fácil, la mediocridad, la envidia, el orgullo, la fuerza vana de este mundo que nos lleva a vivir una vida sin sentido y solamente preocupados por las cosas de la tierra. La gracia nos lleva a valorar la vida como un don y a reconocer a Dios como el dador de todo cuanto existe para nuestro bien.

La gracia es vivir el misterio de la encarnación, darle sentido a la intervención de Dios en el mundo. También cuesta seguir a Jesús bajo el peso de la cruz, sabiendo que llegarán azotes, salivazos, palabras duras y hasta la muerte en la cruz. Cuesta conseguir la gracia porque obliga al hombre a someterse al yugo del seguimiento de Jesucristo, pero es la única manera de experimentar el trago amargo de la salvación: ***"Carguen con mi yugo y aprendan de mí, que soy tolerante y humilde de corazón y encontrarán descanso para su vida" (Mt 11, 29).***

Dios, en cada sacramento, nos proporciona la gracia perfecta para nuestra salvación. Cada sacramento es un manantial de la presencia de Dios derramada en nosotros y que debemos hacerla crecer y mantenerla con sacrificios, penitencias, actos de caridad, y renunciando a todo lo que nos pueda hacer caer en el pecado.

Con el bautismo, Dios nos abre al mundo de su gracia. En él, Dios nos sella como criatura suya, infundiendo ya la gracia perfecta de la salvación. Pero en la medida que vamos pecando, se va perdiendo el sentido de la gracia y se va diluyendo en nosotros el anhelo de la salvación. Lo mismo pasa con cada sacramento, en cada uno, Dios pone la suficiente gracia para nuestra salvación, pero el pecado, es decir, el anhelo de este mundo, va matando el hambre y el deseo de la salvación.

El mayor tesoro de nuestra vida es tener la gracia de Dios, pues ésta nos hace hijos de Dios. Nos eleva y nos hace partícipes de la naturaleza divina. Nos permite disfrutar de los misterios escondidos para la razón humana y nos hace disfrutar del deleite de aquellos que ya disfrutan de las grandezas existentes en el Reino de los Cielos. La gracia nos lleva a vivir paso a paso la perfección a los que de una u otra manera, queremos bajo sacrificio, vivir con la pureza del corazón: ***"Felices los puros de corazón, pues sólo ellos verán a Dios" (Mt 5, 8).***

Caminar fuera de la gracia es caminar en peligro de muerte, en la oscuridad, lejos de Dios, poner en juego la vida eterna, la salvación. El pecado quita la gracia y nos introduce al mundo de las tinieblas, nos hace sentir bien, pues da gusto a la carne y ésta contrarresta al espíritu y a la gracia.

Te invito a dar el paso a la gracia. Dar este paso es renunciar no sólo al pecado, sino también al infierno, a la vida de la oscuridad. Acuérdate que dar este paso cierra cualquier puerta que te lleve al infierno por el pecado y abre toda puerta que te lleve al cielo, al disfrute de los gozos eternos.

10. Confianza en Dios.

Se te hace difícil confiar en alguien por las experiencias vividas. El mundo y el tiempo que te toca vivir te hacen entender que no puedes confiar en nadie. Se te presentan traiciones, zancadillas, envidias, competencias, que te dificultan poner en alguien la confianza. Los hombres no somos como Dios, fácilmente y por poca cosa, dejamos de creer en el otro. Nos dice La Palabra de Dios: ***"Si le somos infieles, Él permanece fiel, porque no puede negarse a sí mismo" (2 Tim 2, 13).***

La fidelidad trae confianza. Dios es fiel, aunque tú le seas infiel. Esta verdad te hace confiar mucho más en Él. Es la confianza que pone la Virgen María en Dios cuando el Ángel le dice: ***"No temas" (Lc 1, 30).*** Ese no temas, le da confianza a María para creer ciegamente en Dios. Lo mismo sucede cuando el ángel se le acerca a José que estaba confundido sin saber qué hacer y le dice: ***"No temas" (Mt 1, 20).*** José, como Elías en el desierto, recupera la fuerza, la confianza en Dios. Esta realidad te indica que Dios está presente en los momentos más difíciles de tu vida para levantarte cuando aún creas que no hay solución. Los mismos pastores reciben el oráculo del Señor: ***"No tengan Miedo" (Lc 2, 10).*** Corriendo van a adorar al niño Dios, sin importar lo difícil de la noche o el peligro con el que pudieron encontrarse.

En tus momentos de soledad, de oscuridad, en la enfermedad, cuando creas que ya no hay salida, te invito a creer en Dios. A veces piensas que ya todo termina, es posible que para ti sí, pero no para Dios. Dios es más grande que todos tus problemas y cuando tú no encuentras solución para un problema, Dios tiene miles. Cuando no encuentres una sola puerta abierta, Dios te abrirá miles. Te invito, no sólo a creer en Dios, sino a confiar. ***"Bendito quien confía en el Señor y busca en Él su apoyo" (Jer 17, 7).*** En los momentos difíciles, ahí está Dios. Cuando solamente te envuelve la oscuridad, tienes una luz que te indica el camino y que no puedes ver. Ese es Dios, el que conoce tus días y tus noches.

Llevas tan deprisa tu vida y tan dislocada, que no sientes a Dios ni te das cuenta que Él conoce todos tus pasos, que va delante de ti, protegiéndote y defendiéndote de tantas enredaderas y de tanto veneno que quieren dañar lo que tú eres. En ocasiones, dices que tienes mala suerte, te sientes mal porque las cosas no te salen como las planificas. O piensas que nunca llega lo que deseas porque tal enfermedad o situación ennegrece los anhelos que llevas dentro. Te haces miles de preguntas y no tienes una sola respuesta y a lo sumo dices: "Ya Dios se olvidó de mí". Todo esto te hace tomar una actitud de rebeldía o de indiferencia ante Dios porque piensas que a Dios no le importa lo tuyo. Quiero que sepas que no es así. Él está tan cerca de ti, que si tuvieras ojos espirituales lo pudieras ver sonreír. **Dios te ama infinitamente, y con ese sufrimiento que llevas y que Dios ve, te está evitando que te lleguen días negros que no podrás soportar.** Aunque tu madre o tu padre o tu ser más querido se hayan olvidado de ti, Dios nunca lo hará. ***"¿Puede una madre olvidarse de su criatura, dejar de querer al hijo de sus entrañas?, pero, aunque ella se olvide, yo nunca me olvidaré" (Is 49, 15).***

Cuando pides algo y no llega, no te desanimes, porque Dios prepara para ti días mejores. Cuando no entiendes el porqué de esa muerte o esa enfermedad, ten fe y confía, Dios conoce tus caminos. Para ti esos caminos serán oscuros, pero para Dios están llenos de luz. Dios nunca querrá el mal para ti, te hará pasar por el fuego para purificarte: ***"El oro se prueba en el fuego" (Eclo 2, 5).***

Tanto que te afanas por tener amigos, creyendo que ellos serán parte importante en tu vida. Tú haces mucho por ellos, sin embargo, el día que más los necesitas no están contigo. Sólo deposita tu confianza en Dios, pues Él no te defraudará.

No te aferres tanto, ni entregues tu corazón a nadie, pues nadie hará por ti lo que tú estás dispuesto a hacer por el otro. Si quieres tener amigos, termina por probarlos. Si te es fiel en lo poco, será fiel en lo mucho, porque amigo, uno entre mil: ***"Que sean muchos tus amigos, pero ten uno entre mil como consejero" (Eclo 6, 6).*** Jesús es el Amigo fiel. El siempre estará ahí en las buenas y en las malas.

Para evitar desengaños, pon tu confianza en Dios. Él no se irá cuando te sientas solo. Será tu mejor y dulce compañía. Poner tu confianza total en los seres humanos es estar a la espera de la amargura, la cual se posará en el paladar de tus días venideros sin la esperanza de gustar el frescor y la calidez del dulce de la miel. Por eso, mientras más confías en el hombre, más te alejas de Dios. El punto es que cuando más te afianzas en el hombre tiendes a fallar y ser tan débil como Él. Al asumir, por la confianza en él, lo que es él, beberás de la misma agua y te verás envuelto en la podredumbre de la infidelidad, del pecado y asqueado por la indignidad.

Lo que sí sabes y sabemos es que la confianza total en la parte humana es insegura, y si confías en el hombre de manera enfermiza, mutilas tu relación con Dios, pues esa confianza ciega nubla tu vista y corazón para reconocer a Dios, opaca la cercanía de tu espíritu y la pulcritud de tu alma. Si quieres un alma pura y noble, no te alejes de Dios, busca su amistad y sólo en Él encontrarás un corazón perfectamente lleno de amor, dispuesto a darse siempre por ti.

11. La fortaleza te viene de Dios.

Ya conoces los siete dones del Espíritu Santo. La fortaleza es uno de ellos. Este precioso don te da la gracia y el espíritu de ser fuerte, de resistir las adversidades que te llegan por las circunstancias de la vida. La fortaleza te afianza en la tormenta y te anima en la debilidad, y por eso va unida a la perseverancia y juntas, ponen los cimientos de la confianza sólo en Dios.

El tiempo en que vivimos puedes creerte autosuficiente, y por eso concebir la idea: no necesito de Dios. Esa posible actitud te conducirá a crear barreras interiores que encadenarán tu libertad, y mal usándola, te desviarán del camino de Dios, lo cual te impedirá ser auténtico con Dios, con los demás y contigo mismo.

La ausencia de autenticidad es el paso previo a la insensibilidad, donde nada te importa y nada te duele. Creyendo la falsa de ser autosuficiente, te sentirás cada vez más fuerte, como si fueras una muralla impenetrable e invencible. No obstante, esta no es la fortaleza que definimos como un don del Divino Creador, porque no proyecta virtud, ni está asistida por el Espíritu Santo, ni está cimentada en la humildad que abre el corazón a la voluntad de Dios y a sus frutos incalculables de paz, alegría, felicidad.

La fortaleza como don te invita a vivir, primero en armonía con Dios, y luego con los demás. Te invita a dejarte asistir por el Espíritu Santo, sobre todo en los momentos de pruebas, para sentir que la fuerza que te sostiene, no viene de la carne sino del espíritu. **Porque la fortaleza es como el bastón en el cual te apoyas cuando te sientes caer.**

Además, el don de la fortaleza te lleva a reconocer que siempre serás un frágil pecador, que sin la fuerza de Dios nunca podrás levantarte. Te hace reconocer lo pequeño que eres cuando sólo cuentas con tu propia fuerza, pero a su vez te ilumina para que aceptes lo grande que puedes llegar a ser, cuando pones a Dios delante. ***Dice el Apóstol Pablo: "Nos alegramos de ser débiles, con tal de que ustedes sean fuertes" (2Cor 13, 9).*** Es la misma fuerza que siente Jesús cuando pasa por la gran agonía, la terrible angustia del Getsemaní, momento histórico de la salvación y en el que siente derrumbarse. Pero no, allí Jesús pide la asistencia de su Padre, y recobrando las fuerzas y la voluntad dice: ***"Padre, si quieres, aparta de mí esta copa, pero que no se haga mi voluntad, sino la tuya" (Lc 22, 42).***

En el duro momento de Getsemaní la fuerza que viene de lo alto fortalece a Jesús, levantándolo para seguir la lucha. El mismo Pablo nos sigue alentando a tomar conciencia que sin esa fuerza que viene de Dios es imposible mantenernos de pie: ***"A causa de ello, rogué tres veces al Señor que lo apartara de mí, y me contestó: ¡Te basta mi gracia! La fuerza se realiza en la debilidad. Así que muy a gusto me gloriaré de mis debilidades, para que se aloje en mí el poder de Cristo. Por eso estoy contento con las debilidades, insolencias, necesidades, persecuciones y angustias por Cristo, porque cuando soy débil, entonces soy fuerte" (2Cor 12, 9-10).***

Es un hecho innegable que el don de la fortaleza te hace fuerte ante las dificultades y pruebas que experimentas. No desmayes por duras y fuertes que sean las contrariedades. Siempre llénate de valor y coloca tu confianza en Dios. ***"Si Dios está contigo, quién contra ti" (Rom 8, 31).*** Atrévete a decir como el Apóstol: ***"Todo lo puedo en aquel que me fortalece" (Fil 4, 13).*** Cuando sientas que no puedes, que eres débil, acude a Jesús con fe y gran confianza, y no dudes que la fuerza volverá a ti. Cuando te lleguen esos momentos de debilidad, que no puedes levantarte porque se acaban tus energías, recuerda que no estás solo, Él está contigo, y en el momento menos esperado te levantará y te premiará con la fuerza de lo alto.

La fortaleza exige de una intensa comunión con Dios. La cercanía con Dios desde la intimidad de la oración, hace fluir una fuerza misteriosa en tu alma, que aumentará en ti el gusto y la pasión por lo divino. Esto permite que te enamores más de Dios; y enamorándote más de Dios despertarás en grado sumo tu fe y tu disponibilidad para servir como Jesús. Haz la prueba y lo comprobarás, y a la vez podrás dar el testimonio que Dios no abandona a aquellos que confían en Él, y por el contrario, lo asiste con su dulce compañía. **La fortaleza es entonces la presencia de Jesús.**

12. No te apartes de Dios.

Como criatura de Dios Creador, has sido creado para vivir en comunión con Dios. En la medida en que te alejas de Él, en esa misma medida vas experimentando una gran sed, semejante a la sed del desierto, que al tocar el fondo del alma se traduce en explosión, desesperación, llanto, sufrimiento, fatiga, dolor. El Apóstol Pablo, hermosamente te hace reflexionar, a ti que buscas amar a Dios, a ti que nada te separará de su amor: ***"¿Quién nos apartará del amor de Cristo?, ¿Tribulación?, ¿la angustia?, ¿la persecución?, ¿el hambre?, ¿la desnudez?, ¿los peligros?, ¿la espada? En todas esas circunstancias salimos más que vencedores, gracias al que nos amó. Estoy seguro que ni la muerte, ni la vida, ni ángeles, ni potestades, ni presente ni futuro, ni poderes, ni altura, ni hondura ni criatura alguna nos podrá separar del amor de Dios manifestado en Cristo Jesús Señor Nuestro" (Rom 8, 35; 37-39).***

Cuando pones tu corazón fuera de Dios, vas atando y disponiendo ese corazón a centrarse en cosas que no dan paz y te cercenan la alegría. Tu lejanía del Omnipotente te hace ver este mundo como más importante que Dios. Pero bien sabes que la separación de Dios te entristece, te crea un abismo en tu alma, hasta el colmo que te hacen sentir el frío de la muerte.

La separación de Dios oscurece el alma y desvanece los proyectos y metas que te propones, **pues sin Dios todo pierde sentido.** La lejanía de Dios te introduce en la noche oscura del dolor, haciéndote experimentar la soledad del desierto, así como la penumbra de los que llevan una carga pesada, sin saber cuándo terminará esa cruz.

Detrás de los grandes santos encontramos grandes sacrificios. Ellos han entendido que separarse de Dios es llegar prematuramente a la muerte. Pero a su vez han comprendido que mantenerse en comunión con Dios es vivir ya anclados en el Reino de los Cielos. Eso los hace fuertes y firmes, y voluntariosos para realizar penitencias y sacrificios, que les capacitan para superar hasta la prueba de la muerte. Porque su sostén y fuerza es el Señor, por eso no desmayan.

Los santos sólo tienen su corazón fijo en Dios. Para ellos ya nada puede llenar su corazón. Cuando te dejas envolver por las cosas, a la larga, terminas apegándote a ellas, y entonces le permites que ocupen el tiempo y el espacio más precioso de ti.

El sabio en el Espíritu es aquél, que tiene fija su atención en Dios. Quita todo para poner a Dios por encima de todo. El que entiende que el mejor tiempo de su vida lo dedica a Dios, al final de ella, contemplará cada segundo dedicado a Él y cómo Dios lo glorifica.

Has de luchar por mantenerte en comunión con Dios. Cuando te separas de Él, fácilmente te atrapa el enemigo y te hace presa fácil, llevándote a cometer el pecado y por supuesto, quitándote la gracia de sentir a Dios cerca de ti. El enemigo te crea un mundo bonito y dulce a la carne, que te quita el sabor de los que luchan para conseguir el cielo. Te vas separando de Dios de una forma que hasta te hace perder el sentido de la gracia y de la salvación. Desde ese momento tu alma corre el riesgo de ir a la muerte eterna.

Mantén tus oídos abiertos para que puedas escuchar la sutil y delicada voz de Dios que te habla al corazón, y que sólo puedes escucharle si estás atento y en sintonía con Él. Y no permitas que las ocupaciones, actividades y quehaceres de la vida te separen de Él.

13. El Dios de la promesa.

Las Sagradas Escrituras están llenas de promesas. Dios da cumplimiento a su palabra: ***"Cielo y Tierra pasarán, mas mis palabras no pasarán" (Mt 24, 35)***. Dios va caminando con su pueblo y en su trayecto, le va indicando y señalando el camino. Con palabras de fidelidad lo va conduciendo a la tierra de la gran promesa: El Cielo. Dios no aparta su mirada de su pueblo, pues este es débil y frágil, y en determinados momentos ese pueblo le falla y se aparta de Él, y por eso lo va guiando con duras palabras, pero con un corazón de Padre, y a pesar de todo va dando cumplimiento a sus promesas.

"Vengan a mí los que se sienten agobiados y cansados, que yo los aliviaré" (Mt 11, 28). Es la promesa que tiene el Señor para ti. Si sientes que la angustia te derrumba, que las preocupaciones te envuelven, que la carga es muy pesada y te faltan las fuerzas, que ya no resistes lo que esté pasando en tu vida, a ti te dice el señor: ***"No temas, que yo estoy contigo; no te angusties, que yo soy tu Dios: te***

fortalezco y te auxilio y te sostengo con mi diestra poderosa" (Is 41, 10).

Están pasando tantas cosas en el mundo y es porque como en tiempos de Noé y de Jonás, te has olvidado del Dios de la promesa, caminas sin Dios, concentrando todo tu esfuerzo y trabajo en hacer quedar en ridículo a Dios, con una vida en el pecado y entregada al placer, al dinero, la fama y el poder. Sin embargo, no olvides, que las promesas de Dios se realizan, aunque seas ingrato con Él.

Trata de salir de ese mundo corrompido y sin sentido. Las promesas de Dios están ahí, no varían, pero se cumplirán para aquellos que sean fieles a ellas. Por tanto, aunque siempre te lleguen fuerzas adversas que te quieran derrumbar y apartar de Dios, mantente, no te desvíes del camino, más aún, no pierdas la paz: ***"No se inquieten, crean en Dios y crean también en mí" (Jn 14, 1).*** Cuando crees que todo está acabado, ese Dios de las promesas aparece con poder para levantarte, darte nuevas fuerzas e indicarte el camino.

14. El Dios de la esperanza.

No te dejes confundir por la duda o la turbación. El Dios que mandó a Abrahán a salir de su casa, de su tierra y dejarlo todo, *(Cfr. Gén 12, 1)*; el Dios que envió a Moisés a los Israelitas para sacarlo de la esclavitud en la cual estaban, es el Dios que te quiere invitar a tener puesta la esperanza en Él. No desmayes, si Él te invita a caminar, aún por cañadas oscuras, ¿A qué temes?, ***"El señor es mi pastor y a nada he de temer" (Sal 23, 1).*** Déjate conducir por Dios. Si has puesto en Él tu esperanza, no permitirá que te vaya mal en tus caminos. Es tu proyecto y tu guía, y aunque todo esté oscuro Él será tu claridad; aunque no puedas avanzar, Él fortalecerá tus piernas.

Hay días que te sientes mal y no sabes por qué. A tu alrededor todo te causa incomodidad. No te dan deseos de hablar ni estar cerca de nadie. Tu estado de ánimo no anda bien; te sucedió una situación amarga en tu trabajo, en algún ambiente que frecuentas o en tu misma casa; o te llegó algún fracaso que no esperabas. Este clima sombrío te desgasta y hace perder la paz. Esta ausencia de paz te sumerge en un estado de ánimo violento e irrazonable, que cambia tu conducta. Por tal motivo hablas con ira, eres duro con los demás, maltratas con gestos y palabras. Te conviertes en un guerrero dispuesto a disparar, sin pensar a quién puedes herir.

Te quiero recordar: no culpes a los demás de tus caídas y fracasos. No maltrates ni te incomodes con el que no sabe la causa de por qué estás así. Necesitas ser equilibrado y pensar, que, como tú, también los demás tienen problemas y situaciones. Entiendes, que te llegan momentos de ofuscación, que te turban y te confunden. Quiero que sepas, que, en el proceso de la existencia humana, llegan, no sólo momentos buenos, sino también indeseables, que pueden contrariarte y quitarte la paz, y hasta pueden llevarte a una profunda depresión, angustia o soledad. Pero no te desesperes, que después de una larga, pesada y oscura noche, llega un largo, hermoso y brillante día. Sólo espera en Dios. No pierdas la calma porque Dios te levantará: ***"No defraudes mi esperanza" (Sal 119, 116)***.

Si pones tu confianza en Dios, cada día recibirás nuevas fuerzas para luchar, pues cada día te traerá nuevas expectativas, sabiendo que te espera otro nuevo amanecer. No te canses, detrás de ti, vienen otros que quieren transitar por los caminos que trillaste y pisar las huellas que dejaste. Tu historia más que quedar plasmada en lo que haces, quedará grabada en los corazones de quienes van conociendo lo que has hecho. Lucha con esmero. Debes hacer historia al andar y esa historia debes hacerla agarrado del Dios de la esperanza. Él nunca te fallará ni te soltará, así que, cuando te lleguen esos momentos que quieren apagar la luz con la que brillas, siempre levanta tu mirada y deposita tu confianza en Dios.

15. Ocupar tiempo para Dios.

El tiempo que vivimos te está llevando muy rápido a vivir una vida donde todo lo tienes a mano. Todo está a tu alcance y con toda la facilidad para obtener lo que necesitas. Los mismos medios de comunicación: teléfonos modernos, lujosas computadoras, trasporte rápido de país a país. Es decir, el gran avance de la ciencia ha logrado que como hombre te creas un súper dotado, y hasta quieras igualarte a Dios. El crecimiento tecnológico ha mecanizado tu mentalidad, llevándote a creer que Dios no es importante para la convivencia humana, más bien, obstaculiza tu desenvolvimiento y tu aparente progreso.

La forma en que vives está demostrando, según la mentalidad ¨progresista¨, que no es necesario creer en Dios. Y claro, es un hecho creciente que junto a los demás seres humanos cada vez más te alejas de Dios por creer demasiado en ti mismo y por creerte autosuficiente. Debido a esta forma inadecuada de vivir y apartarte de Dios, dándole prioridad al materialismo, la fama, el poder, el placer, has ido creando tu propio mundo, donde el vacío, la sequedad espiritual, la soledad y la tristeza te han llevado a cavar tu propia tumba.

Todo lo que posees, por más valor que tenga, por grande que sea su brillo, nunca podrá ocupar el lugar que Dios tiene para ti. No descuides tu relación con Dios, pues al hacerlo, todas las áreas de tu vida comienzan a desequilibrarse y a desajustarse, tronchando así tus posibilidades de lograr metas concretas de crecimiento integral y saludable.

En la medida que te acercas a Dios, en esa misma medida, las cosas a tu paso, sin saberlo y sin proponértelo, se irán ajustando al parecer de Dios y no al tuyo. Entonces la paz irá reinando en tu corazón. Igual, en la medida que de Él te apartas, se produce un inmenso abismo en tu corazón que se expresa en amargura, tristeza, ira, soberbia y muerte.

No vayas creándote necesidades, pensando que lo que dices necesitar es ciertamente importante y necesario. Sólo Dios es necesario. Pero justificas tanto que necesitas tal o cual cosa, que eso te lleva a acumular tanto, que las cosas las concibes como imprescindibles. Por el magnetismo de lo material y para auto tranquilizarte ocupando tu tiempo, fijas estas prioridades en tu vida: supermercados, tiendas, salones, gimnasios, trabajos, citas sociales, ocios.

Ejercita tu alma, dale tiempo al espíritu, dale tiempo a Dios. Alimenta tu alma con más espacios para Él. **Alimentar el alma es ganar tiempo y ahorrar felicidad para el día final.** Advertido de las riquezas que proporciona el dedicar tiempo para Dios, ¿seguirás dando pasos en tu vida sin contar con Dios? Porque las cosas que tanto aprecias en este mundo pueden hacerte perder el alma, y ya sabes que todas se quedarán. Los momentos que tuviste para Dios o lo que hiciste por Él (que es igual decir lo que hiciste por tus hermanos), te levantarán ante su presencia el día que te toque partir de este mundo.

16. Dios lleva el timón de tu vida.

La arrogancia, la autosuficiencia y la soberbia han llevado al hombre a beber sus propias experiencias con sabor a hiel. Las consecuencias por creerse superior o igual a Dios han sido terribles. Ha creído manejar con destreza los espacios y los tiempos, pero fatalmente le han llegado las desgracias sin poderlas dominar y controlar.

Amigo lector, el éxito de tu vida y de tus proyectos no está lejos de ti. Quizás no puedes ver tus éxitos porque cuantiosos humos negros han invadido tu entorno y te impiden ver con claridad. Necesitas detenerte y poner todo lo que eres y quieres en las manos de Dios. Deja que Dios tome el control de tu vida, entrégale el timón de tu barca, Él conoce el mar por el cual navegas, sabe si tu mar está profundo y cuándo te llegarán las tormentas. Él sabe cuándo llega la noche y qué peligro puede traerte; sabe dónde se esconden tus enemigos, cuáles son y en qué momento atacarán; sabe cuándo y dónde tendrá la batalla, porque conoce la magnitud de las olas y cuán grande son los vientos. Es lo que Jesús quiere darle a entender a sus discípulos *(Cfr. Mc 4,35)*. Dios tiene el control, y mientras tenga el control, no podemos desesperarnos.

Tu vida es como una barca, sacudida en el mar por tormentas y fuertes olas en medio de la oscuridad, amenazada por la inclemencia del tiempo, a expensa de la inseguridad y del miedo. Eso eres tú. No sabes qué pasará mañana y no conoces el mar impetuoso donde pronto llegará tu barca.

Quizás no puedas contestarte estas preguntas: ¿por qué llegan tantas situaciones a mi vida? ¿Por qué experimento tantos fracasos, incertidumbres, noches oscuras, tantos miedos, tantas caídas y confusiones, momentos de amarguras, tiempos de intranquilidad? Ante tantos agobios e interrogantes sin respuestas, te invito a darle la rienda de tu barca a Dios. Sólo Él conoce por dónde puede cruzar tu barca de mar a mar, sin que corra el riesgo de claudicar.

Entiende que días y noches te llegan que parecen interminables. Tiempos en que hasta tus seres más queridos te dan la espalda, y son tan fuertes las tormentas, que crees se asoma el final de tu vida, que todo está en contra tuya y hasta sientes a Dios lejos de ti.

Por ahí pasamos todos, pero por la misma arrogancia y orgullo no dejamos que Dios conduzca nuestra barca. Nos creemos buenos capitanes y creemos conocer los mares, por eso fracasamos y sentimos tantas veces cómo nuestra barca se hunde y llega adonde no queremos que llegue. Hoy te digo: no hay mejor conocedor de los mares, como también, no hay mejor capitán o conductor de la barca que Dios. Deja que Él dirija la barca de tu vida y cuando lleguen esas contrariedades, esas olas fuertes, o confusiones de tu vida, podrás mantener la paz, porque quien lleva el timón de tu barca se llama Dios.

17. Descubre a Dios en los milagros de cada día.

Nos hemos acostumbrado a leer y ver todos los milagros que los profetas y el mismo Jesús nos presentan en las Sagradas Escrituras: Devolver la vista a los ciegos, hacer caminar a los paralíticos, sanar a los leprosos, liberar a los endemoniados, levantar a los muertos, etc. Pero no percibimos la grandeza de Dios, haciendo milagros todos los días a nuestro alrededor y a nosotros mismos. La falta de fe no nos deja ver a Dios actuando maravillosamente en favor de la raza humana.

Tienes que aprender a valorar la vida y verla como el milagro más hermoso que Dios te ha dado. El hecho de levantarte cada día, con situaciones o sin ellas, es un milagro; el deseo que Dios pone en ti para enfrentar ese día, es un milagro. Pone en ti la fuerza, la habilidad, la capacidad y el ánimo para no detenerte ante las adversidades. Poder ver la luz del sol, contemplar la naturaleza y todo lo que te rodea, es un hermoso y gran regalo. **Decía San Agustín: "Nos hemos acostumbrado a ver tantos milagros, que no nos damos cuenta que ver abrirse una flor del campo, es un milagro".** Igual, el poder cobijarnos a la sombra de un frondoso árbol, es también un gran milagro.

Pero, además, nos hacemos ciegos a tantas oportunidades que Dios pone en nuestro camino. Cuando podemos contemplar aquel miserable que no cuenta con nada para comer ese día, que está desecho por el hambre, que anda semidesnudo porque no tiene vestido, pero sonríe y no deja de sonreír, eso es un gran milagro; cuando observamos a un padre o madre de familia bajo el bochorno del día, trabajando duramente y con entusiasmo para ganar con honradez el pan para sus hijos, eso es un milagro; cuando miramos la sonrisa de un paralítico, conociendo sus defectos físicos, o la de un niño pobre cuando recibe unos zapatitos o un juguete, eso es un gran milagro; cuando te dispones a dejar tu orgullo, altanería y bajar de tu status social sin importar que te puedas manchar de la pobreza con esos sencillos e indigentes a los que les saca una sonrisa y les hace feliz el día, ¡Qué gran milagro!

Una anécdota: todos los años el día de los Reyes Magos, llevo a mis sobrinos, los más pequeños, a la tienda de juguetes para que ellos elijan el que les guste. Es un día para ellos inolvidable y es como el más importante del año. En uno de esos años, tomé otros niños junto a mis sobrinos, y uno de ellos decía varias veces esta frase: "¡Este es el día más importante de mi vida!". Me abrazaba, me daba besos, sentía que su corazón no cabía dentro de su cuerpo. Primero, ver tantos juguetes en esa tienda, nunca podía imaginar que existían y segundo, no se esperaba recibir tan buenos juguetes. Desde ese día me abraza con tanto cariño. Ese acto le cambió su día, sólo por un simple juguete, pero que, para ella, era el tesoro más precioso.

No podemos imaginar cuántos milagros hace Dios cada día. Igual, **es mi costumbre dar a los más pobres, alimentos para la comida de navidad, y por muchos años también me gusta comer con una de las familias más pobres de la parroquia.** Ese 24 de diciembre, ubico una familia, decido llevar todo lo necesario para la comida y algo más. Recuerdo a aquella madre sola, con tres niños, una casita muy deteriorada, techo casi derrumbado, suelo de tierra, mucha pobreza, pero allí había mucha fe. Nunca olvido este triste, pero tan hermoso momento que marcó mi vida. Al llegar, la señora no podía creer que el Padre Chelo estaba tocando a la puerta de su casa. Ella, sin contener la alegría, a pesar de lo pequeña y humilde que era su casa, me invita a entrar y sentarme en aquella silla destartalada. Sus tres niños estaban casi desnudos, con sonrisa angelical, ojos que parecían salirse de sus órbitas, y le digo: Señora, aquí les traigo alimentos suficientes para hoy y unos días más, yo comeré aquí con ustedes. Algo pasó, el ambiente se paralizó, medio me asusté, sus ojos se estremecieron, sin entender lo que pasaba, sus labios comenzaron a temblar y un grito salió de lo profundo de su corazón. Inmediatamente lágrimas, no de amargura, ni de dolor, sino de alegría, salían abundantemente de sus ojos. No podía creer lo que le decía. Cayó de rodillas al frío suelo de tierra, levantó sus manos y elevó una acción de gracias, acompañada por un llanto esperanzador y lleno de fe, que salió de su boca: "¡Gracias Señor, porque un día tan importante como hoy, 24 de diciembre, no tenía nada para darle de comer a mis hijos!" Y aquella madre continuó diciendo: desde que me levanté, me arrodillé, y delante de mi cama te supliqué que me dieras algo de comer para mi familia. "¡Gracias, Señor!". No pude ocultar también mis lágrimas y ver en ese día un gran milagro que Dios me permitía contemplar a través de la sonrisa y de la fe testimoniada por aquella humilde familia.

Todos los días encontramos milagros y manifestaciones de la grandeza de Dios. Otro día, siendo seminarista, hace ya muchos años, en una semana de pastoral, fui enviado a una comunidad llamada El Río de Constanza. Era sábado en la mañana. Decido visitar la comunidad acompañado de un joven de la comunidad. Al llegar a una casa alejada de las demás, me di cuenta que estaba muy deteriorada, tanto que se mantenía parada por la misericordia de Dios. El joven me hace entender que no entrara porque había una señora con muy mal olor. A modo de reproche le dije: "Entonces aquí es que debo llegar". La puerta estaba casi abierta por la situación medio destruida de la casa, y tan doblada que no podía cerrar. Al entrar y ver aquel aterrador panorama, mi cabeza da vueltas sin entender aquel frío panorama. Una deteriorada cama, montada en cuatro piedras y tejida por cuerdas de cabuyas (lazos). Me quedé mudo y sin respiración, también por la hediondez del ambiente en el cual me encontraba. De pronto, doy pasos hacia el cuerpo que yacía en la cama: una pobre señora de unos 55 años, pero ya gastada y consumida por la enfermedad. Venciendo el mal olor, me le acerco, levanto la sucia sábana que le cubría, veo todo su estómago, podrido por un cáncer, y sobreponiéndome al hedor que brotaba de ella, le doy un beso en la frente. Al instante, de su alma salió un grito tan fuerte que supongo fue el último. ¡Me atemoricé, pensando que la había asustado!, y le pregunté: ¿Mi doña, por qué lloras? Nunca podré olvidar lo que salió con palabras entrecortadas de sus labios: "Lloro de alegría, porque desde que caí en cama, como usted puede ver, fui aquí abandonada, pensé que no valía nada y que no le importaba a nadie, me han dejado sola y creí que nadie se interesaría por mí, porque hiedo. He querido morir, pero ahora veo que valgo para alguien. Sé que ya voy a morir, pero Usted, con ese beso, me ha devuelto la vida". Afanosamente me daba las gracias mientras yo lloraba. Ese recuerdo ha quedado vivo en mi corazón.

Cuántos milagros Dios nos permite ver todos los días, pero no percibimos que Dios va caminando con nosotros, abriéndonos el corazón, para mirar, oír y palpar sus grandes maravillas.

Te quejas porque no tienes tal o cual cosa. Otros no tienen nada y son felices. Aprende a valorar lo que tienes y lo que Dios ha puesto en tu camino, porque otros no tienen lo que Dios puso en ti como regalo y son felices.

Todos los días puedes descubrir tantos milagros que Dios hace en tu presencia, y te lo permite ver, pero por tantas ocupaciones o por acostumbrarte a ellos, no puedes ver a Dios actuando en tu vida. Detente hoy desde que te levantes, y pídele a Dios que ponga en ti oídos para que puedas escuchar, ojos para que puedas contemplar y un corazón con entendimiento para que puedas asimilar las riquezas de su gran amor por ti.

18. Descubre la sonrisa de Dios.

Dios sonríe todos los días, en cada segundo y por todas partes. Sólo te falta estar a la altura de la manifestación de su amor que respira todo lo que te rodea, para poder descubrir esa dulce sonrisa. Dios sonríe en la flor del campo que cada día se abre por esa bella expresión de la naturaleza; sonríe a través de ese hermoso manantial que brota misteriosamente como sudor de la tierra para fermentar, haciendo que germine la semilla y que muchos puedan sostenerse con su cosecha; sonríe cuando la brisa fresca aletea por los valles y montañas, dejando el dulce silbido que trae paz, como queriendo anunciar la presencia del Creador; sonríe cuando ves los animales silvestres, subir y bajar altas cordilleras, mostrando la grandeza de un Dios poderoso; sonríe cuando muy de mañana, a lo lejos, se contempla un horizonte lejano y tras él, la espléndida glorificación de Dios por encima de todo lo creado, dejando ver los rayos de luz de ese sol que se asoma orgullosamente para traer al mundo claridad; sonríe cuando a media noche, allá en lo más alto y bajo el silencio de la oscuridad, se manifiestan alegres un conjunto de estrellas que parpadean, sintiéndose útil por servir a toda la creación.

También sonríe Dios, en el anciano que deja ver su inocencia de niño; en las lágrimas cálidas y tiernas de un niño sin saber el por qué de su sufrimiento; en el indigente que maltratado por la vida, deambula por las calles, durmiendo en aceras y contenes; en el mendigo que todos los días pide un pedazo de pan para poder comer; en el chiripero, que honradamente y con el bochorno del día, gana el sustento de su familia.

Ahora te pregunto: ¿Puedes descubrir a Dios sonreír? ¿Puedes darte cuenta cuántas veces te ha sonreído hoy? Pero también, no olvides que, al descubrir la sonrisa de Dios, Él también te invita a brindar una sonrisa a tantos que la necesitan de ti. Has que ellos vean en ti, la sonrisa de Dios.

CAPÍTULO II: DEJA A DIOS SER DIOS EN TU VIDA

"Yo soy el alfa y la omega, dice el Señor Dios. Aquel que es, que era y que será, el todo poderoso" (Ap. 1,8)

1. Día de bendición (La bendición es para ti).

Cada día Dios tiene un propósito contigo. Ese propósito se te aleja o se te acerca, dependiendo de cómo tú descubres a Dios en las cosas que haces y en las que dejas de hacer.

Dios antes de crear el día que naciste, te aseguro que pensó en ti. Todo lo creó para ti. Cada cosa que hagas, ya fue mirada por Dios. En ellas Dios fijó su amor. Lo hizo con gusto porque las creó para ti. Si pudieras contemplar la sonrisa de Dios, creando todo lo que contiene el día, darías gracias a cada instante, porque fueron hechas para ti. Cada día está cargado de bendiciones. Si te detuvieras a percibir y a saborear las mínimas cosas, podrías descubrir las miradas de Dios posándose sobre ti y sonriendo a cada paso y a cada momento de tu vida. Todo lo que encuentres, en el transitar del día, sea positivo o negativo, ha de llevarte a bendecir a Dios. En la medida que lo bendices, en esa misma medida recibes abundantes bendiciones que vienen del cielo y que hacen crecer tu comunión con Dios. Siendo así, no dejes que nada, ni nadie te robe las bendiciones que están para ti. Antes de levantarte, habla con Dios, llénate de Él, pues será la mejor manera de enfrentar, desde la dulce presencia de Dios, todo lo que te tocará vivir.

Si inicias mal el día, terminarás mal. Cuando inicias una jornada poniendo a Dios por delante, todo lo que pueda acontecer en el día tendrá sentido, pues lo que te falte por completar, Dios por su infinito amor, lo pondrá o te dará las condiciones para conseguirlo.

El colorido del día, así como su belleza y sus grandezas llenas de posibilidades, han sido creadas para ti, de manera que no las dañes ni las oscurezcas con tus negatividades, ni permitas que nadie te haga perder todo lo que Dios puso para ti. No olvides que encontrarás personas que se molestarán si te ven sonreír o si te va bien. Al contrario, enfrenta cualquier situación adversa que quiera arrancar los nuevos horizontes que Dios por amor ha hecho brillar en ti. Dios ha puesto las fuerzas y habilidades para ser un gran corredor de campo y pista, es así, que cada día se abre para ti un nuevo reto, y sólo podrás llegar a la meta dependiendo de cómo sepas correr. De ti depende ser un buen o mal atleta, sólo déjate guiar por el mejor y el más valioso Maestro.

Es así que te invito a recibir, y siempre, las bendiciones que Dios te tiene reservadas como regalos; no las pierdas por situaciones, problemas o contrariedades que llegan queriendo hacer de ti una persona llena de frustraciones, llevándote a mirar oscura la vida y a maldecir todo a tu paso. Has de aprender a bendecir a Dios a pesar de lo que puedas encontrar negativo o positivo. Eso te llevará a luchar en las batallas como un buen soldado, que, aunque no sea diestro en las armas, obedece a su superior. El bendecir en todo momento a Dios, te permitirá, ganar las batallas más difíciles que puedas encontrar en el camino de la vida. Saca de tu corazón las maledicencias, iras, pendencias, orgullos, enojos, soberbias y todo lo que pueda impedir recibir de Dios las bendiciones que Él tiene para ti.

Eres instrumento del bien, nunca del mal. Por lo tanto, todo lo que salga de tu corazón que sea de Dios y ayude a edificar a otros como a ti mismo. Entiende que eres instrumento de bendición, no dejes que este día pase desapercibido, más bien que en él, recibas las bendiciones que son para ti, hazlas tuyas y por ellas, puedas hacer partícipes a otros del infinito amor de Dios. Acuérdate, en tu camino encontrarás a muchos que necesitarán de ti, pues caminan intranquilos, con odios, angustiados (son instrumentos del mal); pero a su vez necesitan una palabra de aliento para salir de la situación en la que están envueltos, porque ***"El diablo anda como león rugiente buscando a quién devorar" (1 Pe 5, 8-9).***

El estar abierto a la presencia de Dios, irá haciendo de ti, una criatura llena de bendiciones, que, sin importar color y raza, ricos o pobres, te permitirá ir construyendo en todo el que te rodea, un mundo hermoso lleno de la fragancia de Dios e irás dando sentido a la vida de tantos que se sienten pisoteados, desesperados o decepcionados por lo que le ha tocado vivir. Eso te enseñará, que es mejor dar que recibir.

Tu corazón ha de ser el santuario que cobije la presencia de Dios. Que tantos, con sólo verte, perciban que eres un manantial desde donde brota su amor. Nunca seas guarida de maldad y mentiras, donde habite el enemigo, sino que todo en ti refleje la grata presencia del Creador. Que todo lo que mires, toques o escuches sean bendiciones para ti, y muchos que caminan aburridos o cansados del camino y que se sienten sin fuerzas, reciban a Dios a través de tu persona, y esto le dará la fortaleza necesaria para dar sentido a la vida. Entonces, por ser tú, por ser instrumento de Dios, a ellos les cambiará el día.

No permitas que Dios pase de largo frente a ti, pues Él está constantemente pendiente de tus necesidades. No dejes ni un instante sin pedirle que derrame sus bendiciones para ti y los tuyos. El guardará tus pasos y proyectos, no se apartará de ti, te defenderá de las flechas venenosas, te guiará a buen puerto, perfumará tu camino y te hará fuerte.

Cada día se ha de abrir un nuevo horizonte con nuevas posibilidades y han de estar cargadas de nuevos proyectos en los cuales estás llamado a triunfar y a ser protagonista. Por ello, antes de salir de tu casa llénate de Dios, pide su bendición para que se abran los caminos, se derrumben las barreras y se allanen las montañas. No importa a donde vayas o qué tarea tengas que enfrentar, déjate alimentar por la dulce compañía de Dios, y lo que es grande se pondrá pequeño, y lo imposible se hará posible. Es así como serás lámpara encendida para tantos, en medio de la oscuridad.

2. Sé optimista.

Según transcurre el tiempo nos vamos llenando, no sólo de cosas, sino también de experiencias positivas y negativas que van marcando nuestra existencia y nuestra forma de ser. Esas experiencias van haciendo de nosotros personas sensibles o personas con un corazón duro, dependiendo de cómo hayan sido esas experiencias, pero todas nos enseñan porque son como páginas abiertas, y en ellas aprendemos a leer y a escribir nuestra propia historia. Esta nos enseñará a ver la vida desde diferentes matices, con luces y sombras, con altibajos que nos permitan valorar cada instante que pasamos en este mundo, pues nos llevarán a entender que de por medio hay un ser que mueve todo sin necesidad de moverse, que genera la vida y transforma todo lo que mira y toca. Ese ser perfecto e inamovible se llama Dios.

Dios nos hace entender que las experiencias positivas nos abren a vivir un mundo hermoso y ver la parte jugosa de la vida, pero además, nos hace entender que las experiencias negativas llevan a darnos cuenta que hay patrones en la vida diaria que nos sirven de enseñanzas, y que bajo el peso duro de nuestro diario vivir, nos van ilustrando hasta hacer de nosotros, verdaderos hijos de Dios con circunstancias que nos elevan a vivir el sufrimiento de Cristo en la cruz.

Todo esto nos lleva a enfrentar la vida con optimismo y a descubrir a Dios presente en los momentos más amargos que nos puedan llegar. Además de valorar lo que pueda alimentar el espíritu también debemos contar con las experiencias amargas que nos permiten fortalecer nuestra alma, lo que tantas veces nos llega como negativo, y que hace cerrarnos a la existencia de Dios.

Nunca maldigas y mires negativamente lo que puedas encontrar en el camino, aún sean situaciones que tiendan a trastornar tus pasos o ser instrumentos de caída, pues también en ellas habla Dios y muestra su inmenso amor, pues todo lo que contiene cada día, Dios lo creó y lo ha permitido para ti. Dios quiere que hasta en los vientos huracanados que soplan, descubras su manifestación gloriosa y la manifestación de su amor. ***"… Así se cumplirán tus planes y tendrás éxito en todo. Yo soy quien te manda; esfuérzate, pues, y sé valiente. No temas ni te asustes, porque contigo está Yavé, tu Dios, adondequiera que vayas" (Josué 1, 8-9).***

Con tu optimismo y tu fe descubrirás a Dios en las grandes tormentas de tu vida. Que nada perturbe tu crecimiento espiritual, y puedas vivir, aun sumergido en un mar tempestuoso, la paz que sólo experimentan los que se dejan asistir y acompañar de Dios.

No dejes que nada negativo amargue lo que puede ser un día lleno de Dios, que nada rompa esa relación hermosa y armónica con tu Creador. Si algo quiere obstaculizar tu comunión con Él, o te quiere quitar la paz, apártalo. Sólo conviene que permanezca en tu corazón aquello que te hace ser feliz, que te hace sonreír, y más que todo, lo que te ayuda a permanecer en la presencia de Dios.

Anímate a ser como el buen nadador, que, aunque sea fuerte la corriente que arrastra consigo piedras y palos, sabe esquivar y dejarse arrastrar por la misma corriente hasta salir de ella. Igual, haz de aprender a vencer todas las dificultades y sacar provecho de ellas, verlas como nuevas posibilidades y oportunidades que servirán de apoyo para ser victorioso en la batalla. Así que, presenta buena cara y saca buena partida, al mal tiempo que te pueda llegar.

Todo tienes que mirarlo con los ojos de Dios y así, sea lo que sea, será de crecimiento para una vida perfecta. Esto hará que valores lo que haces y le pongas énfasis a lo que todavía no has hecho. Y sobre todo aprenderás a ver con los ojos del espíritu y a poner tu corazón donde Dios colocaría el corazón de los sabios y prudentes, que han luchado afanosamente para llegar al final de la carrera con la victoria de la corona.

3. Aprende a santificarlo todo.

La única manera de santificar la vida diaria es viviendo la santidad: ***"Sean Santos, porque yo, el Señor, su Dios, soy Santo" (Lev 19, 2).*** El mismo Dios te llama a la santidad. No fuiste creado para vivir fuera de la gracia de Dios, sino para vivir en armonía con el Creador, santificando todo lo que puedas sentir y ver. Te ha dado tus ojos para purificar todo lo que puedas ver; palabras para santificar todo lo que puedas hablar; manos para bendecir todo lo que puedas tocar, y un corazón lleno de Él para amar todo cuanto te rodea, y así santificar tu alma y todo tu ser.

Cada día se te presenta como un proyecto de vida, en el cual tienes que dar pasos firmes si quieres llegar lejos, pues más adelante verás los grandes resultados. Por tanto, si en la vida de la fe das pasos gigantes; gigantes serán las huellas y las obras que dejarás. Si inicias una jornada de mal humor y sin Dios, así terminará tu jornada y ese día será un fracaso, **pues quien no llena su interior de Dios no podrá dejar salir a Dios en sus actos.** La única manera de santificar cualquier proyecto, es poniendo a Dios como un anteproyecto (así todo quedará santificado); o sea, colocar a Dios antes de iniciar cualquier tarea, jornada o actividad. Si te olvidas de Dios en lo que haces, tocas o miras, te sentirás fracasado, y dicho sentimiento te llevará a concluir que has perdido el tiempo, que no rendiste en tus labores, y por supuesto te sentirás como un amargado y aburrido que nada te ofrece sentido.

Si lleno de Dios vives, te darás cuenta que todo lo que puedas ver te hablará de Dios. Serás un contemplativo de la creación que, como obra maestra de Dios, es una expresión hermosa de su presencia en tu vida. Contemplar a Dios es sentirlo, palparlo, vivirlo y amarlo. Es permitir que Él mire, hable y oiga a través de ti. Es dejar que seas expresión de su vivo amor. Permitir que los demás puedan leer en ti, como página abierta, que, si actúas lleno de amor, es porque Dios derramó toda su gracia y su presencia en ti. Es dejar ver a Dios a través de ti.

Es garantía de felicidad aprender a deleitarte con las maravillas de la creación, pues en ella, por la presencia santificante de Dios en ti, contemplas al mismo Dios. En la necesidad del otro, contemplas al mismo Dios; en el grande como en el pequeño, en el rico como en el pobre, en la tierra árida como en la fértil, ahí también está Dios. En la abundancia como en la escasez también está Dios. A ti te toca aprender a descubrirlo y ser reflejo de Él. Sabes que eres ***"Imagen y semejanza de Dios" (Gén 1, 26).*** Contemplar a Dios en todo y por todas partes, te llena de Él, y como criatura, contemplas entonces la grandeza del Creador y todo te habla de Él.

El amor que como hijo de Dios posees, te llevará a santificar todas tus acciones y deseos, así como a purificar todos tus pensamientos, para que nada apague esa comunión que ha de existir entre Dios como Creador y tu persona como criatura, pues tras esa comunión, descubres la inmensidad de su amor y lo que llegará después de esta vida: el gozo eterno del cielo, la ***"Corona que no se marchita" (1 Cor 9, 25).***

Será tan gratificante cuando llegue el último día o el juicio final, que estando ante Jesús como Juez Supremo, él mismo te coloque la corona del cielo por haber amado y santificado todo cuanto pudo entrar en tu corazón, en tus sentidos, y que como siervo inútil hiciste lo que debías hacer. ***"...Cuando hayan hecho todo lo que les ha sido mandado, digan: Somos servidores que no hacíamos falta; sólo hicimos lo que debíamos hacer" (Lc 17, 10).***

4. No te quejes.

La queja no permite la obediencia, pues cuando me quejo, no veo la voluntad de Dios en las contrariedades y adversidades que debo afrontar, más bien, siento que dichos obstáculos hunden mis propias apetencias y me incapacitan para ser fuerte y ver en ellos la voluntad de Dios.

La queja me descentraliza, porque no permite encontrarme conmigo mismo, lo que me lleva a no mirar a los demás como más necesitados que yo, sino como aquellos que me quitan la paz, que no me dejan descansar, orar, comer y mucho menos, realizarme como persona.

La queja me aparta de Dios, me aleja de poder cumplir su voluntad, pues por quejarme tanto, no sé concentrarme en el diálogo con Él y me trae como consecuencia, no saber escucharlo. Esto me trae intranquilidad, y la intranquilidad trae consigo la desarmonía con Dios.

La queja me hace ver el ser que no quiero ser y el ser que Dios no quiere que sea, porque siendo lo que no quiero ser, destruyo el ser de los demás, pues el que siempre se queja, se presentará para criticar y destruir.

El que vive la cercanía con Dios no se queja. Al contrario, siempre estará abierto a que Dios le hable y que los demás le soliciten un servicio.

Desde hoy, en el trabajo, en el servicio, en la oración, en tu casa, en tu comunidad, con lo que tengas, sea mucho o poco, nunca te quejes. Es preferible callar, sufrir, porque quien sabe sufrir, sabe guardar silencio y el que guarda silencio descubre a Dios, hasta en el sufrimiento.

Mira tus problemas, pero también entiende que cuando te quejas por un dolor de cabeza, hay otros que tienen cáncer; cuando te quejas porque tu madre no te quiere, hay otros que no conocieron a su mamá, o son hijos del abandono; cuando te quejas porque tienes un solo par de zapatos, hay otros que nunca han tenido la posibilidad de tenerlo; cuando te quejas porque no te dan buena comida en tu casa, hay millones en el mundo que no comen nada.

Con las quejas lo único que logras es llenarte de amarguras, envidias y tristezas fabricadas.

Cuando sólo te quejas y te quejas, sale de ti lo que no eres. La queja es enemiga del esfuerzo y del triunfo. Cada vez que te quejas quitas lucidez y brillo a lo que puedes ser y a lo que eres. Los frutos de la queja permanente son las negatividades (todo lo que sucede a tu alrededor es inválido), la muerte de toda posibilidad de optimismo, el impedimento de llegar a la meta que Dios como Creador te ha trazado.

Te invito a no quejarte para que puedas vencer tus propios caprichos, que, a la vez, disminuyen y ensombrecen tus habilidades de ser lo que realmente deberías ser. No te quejes, más bien, enfrenta desde lo que eres o tengas, todo lo que pueda agobiar y oscurecer tus días. Transforma lo que puede ser amargo, en dulzura; lo que puede ser triste, en alegría. Al final de cada día, podrás decir: "Gracias Señor, por darme un día más y en él, regalarme tu inmenso amor".

5. Construye tu propio edificio.

Dios te ha creado único e irrepetible. Tus dones son distintos a los míos. Eso te lleva a ser diferente a todos los demás. Es así, que debes esforzarte en ser el gran diseñador de tu propia moda, más aún, has de ser el ingeniero que construya tu propio edificio. Si eres mal ingeniero, construirás un mal edificio, al contrario, si eres bueno como ingeniero, construirás un buen y hermoso edificio. Hubo un trabajador que dedicó la vida construyendo para su amo, y cuando ya estaba para despedirse, su amo le pidió que realizara su última obra construyendo una casa como él la quisiera diseñar. Se dispuso a recolectar los materiales, y en poco tiempo entregó a su amo la casa terminada. En ese momento el amo tomó las llaves de la casa, y en un brevísimo acto cargado de sentimientos de gratitud, puso en manos de aquel trabajador fiel las llaves de su nueva casa. Era el regalo de su amo. **Y aquel hombre se entristeció mucho y se lamentaba porque no usó los mejores materiales para su propia casa.**

De ti depende el edificio de tu vida, y de los materiales que uses dependerá la fortaleza y belleza de tu casa. Si al final de tu vida quieres que otros pisen tus huellas, mira bien a dónde colocas el pie al caminar, no sea que pises tus propias huellas y tiendas a fracasar. Así que, al caminar, aprende a mirar lejos para poder con tiempo esquivar el peligro que en el camino te encontrarás.

Otros hablarán pestes de ti. Si viviste sin darle importancia a tu propia vida y por supuesto, sin cooperar para que los demás vean en ti, a alguien que ayudó a construir vida. Si siempre piensas en los demás, creyendo en ti mismo, en lo que puedes hacer, y en lo que puedes dar, tendrás en ti, el hombre o la mujer, con iniciativas propias para construir el mejor edificio donde tantos se cobijarán, encontrando un refugio seguro.

Acuérdate, Dios ha puesto en ti todas las herramientas para construir tu propia casa, como la desees. Todo depende del interés con que tomes la vida para ir levantando ese edificio. Muchos ingenieros se preocupan por lo inmediato, el presente, vivir la vida para conocer, o conseguir lo que necesitan, no piensan en el mañana, y por eso llegan momentos duros y no saben enfrentarlos, pues no se prepararon. Vivieron una vida deshonesta, vacía, sin horizonte, y cuando tempestades y tormentas les llegan, se derrumban. Aquellos ingenieros, que más que por el dinero, interés, envidia y competencia se preocuparon por hacer un buen edificio con honestidad, cuando llegan esas tormentas, no tienen miedo porque pusieron buena base y se preocuparon por un edificio de futuro. El Evangelio de Mateo nos hace más recio este pensar: ***Debemos construir sobre la roca y no sobre la arena. (Cfr. Mt 7, 21-29).***

Ahora piensa en la arquitectura de tu vida. Trabaja para que levantes el edifico donde morarás por toda la eternidad. Dios ha puesto en tus manos la vida, la naturaleza, el tiempo, la familia, las instituciones, etc., para que comiences desde aquí a construir tu futura casa. Sin embargo, acuérdate que en cualquier momento Dios te exigirá la vida y pedirá cuenta de tu gestión. Afánate por ser un buen arquitecto y el mejor de tu mansión. Empieza a colocar lo que será la base y terminarás construyendo con tus buenas obras y tu buen comportamiento, el edificio que Dios tiene contemplado para ti. Pero comienza hoy. ¡Tú puedes!

6. Ser sabio desde el espíritu.

La sabiduría que viene de Dios, nos abre el entendimiento y nos habilita para aletear en la presencia divina. Es una gracia ser sabio. Sólo el sabio puede ver y encontrar a Dios porque se deja iluminar por el Espíritu Santo. Es el prudente que mira desde el corazón y es capaz, por la gracia que ha cultivado, de ver más allá de las aguas turbulentas y descubrir los caminos que conducen a la vida eterna.

La sabiduría que viene de Dios habita en los humildes que se abren al cielo y descubren los misterios más escondidos de Dios. El sabio que se capacita en la presencia de Dios, puede discernir sobre los misterios de la verdad revelada, oculta para los sabios de este mundo, pero abierta para el sabio, que actúa por el soplo del espíritu y que nutre sus sabias orientaciones en comunión constante con Dios. Sus decisiones son firmes y seguras en los momentos de oscuridad y de turbación, pues su alma se alimenta de la cercanía con Dios.

El hombre sabio, dentro de su quietud, es un reflejo de paz y nada le inquieta. Su pensamiento descansa en Dios. Su alma no se agita por los ataques que reciba, más bien, se fortalece. ***"Me complazco en mis flaquezas, en las injurias, en las necesidades, en las persecuciones y angustias sufridas por Cristo, pues cuando soy débil, es que soy fuerte" (2Cor 12, 10).*** Es así que, para el sabio, lo que puede contrariar su vida, alimenta su alma y lo hace fuerte.

El sabio hace que en él todo dependa de Dios. Esa dependencia lo hace libre para conocer, amar a Dios y llegar, por su conocimiento, a profetizar, ver lo que viene y no viene de Dios. En él actúa fuertemente la luz del Espíritu Santo, la cual le sirve de canal, para con claridad, por los ojos del alma, ver los secretos más oscuros que la ciencia no puede descubrir. **El sabio siempre es dócil al espíritu y se deja conducir con la mansedumbre de los más humildes.**

Si quieres ser sabio, comienza consultando todo con Dios y abriéndote al mar infinito de su amor. Así siempre tendrás una salida cuando veas que todas las puertas están cerradas. Cuando veas que ya no hay esperanza, sólo déjate llevar por Él, **espera la hora de la prudencia (tal y como decía Jesús: todavía no ha llegado mi hora), y ese será el tiempo de Dios.**

No lo olvides: la verdadera felicidad no viene de la tierra ni la sabiduría viene por tener mucha ciencia o leer muchos libros, sino que brota del corazón que tiene a

Cristo en el centro (al estilo de La Virgen María que todo lo guardaba en su corazón). Dejándote formar en la escuela de Jesús y de María, podrás ser canal de gracia y salvación para las personas que deambulan desorientadas, turbadas y que necesitan de quien habiendo mirado a Dios les abra caminos para dejarse mirar por Dios y poder apreciar su aliento.

Oración: *Señor Jesús, fórmame en el manantial de tu sabiduría, fundamentada en la relación filial con tu Padre y vivas mediante la actuación santificadora de tu Espíritu Santo. Hazme partícipe de tu amor redentor, para contribuir en la construcción de tu Reino, en medio de este mundo opuesto a tu mensaje de justicia, amor y paz. Haz mi corazón semejante al tuyo, para amar como tú amaste.* **Amén.**

7. Valora lo que eres.

Quiero que pienses en ti. Eres un caudal de valores. Es posible que no sepas lo que eres y lo que puedes hacer. No permitas que lo negativo apague el cúmulo de dones y cualidades que tienes. Debes salir de ese mundo de pequeñez que llevas dentro y comenzar a ver las tantas posibilidades que tiene la vida para ti.

Te llegan momentos que te crees nada y que no sirves para nada, que crees que no puedes dar ni hacer nada y cuando te decides y lo haces, te sale mal. Eso te va llevando al vacío de ti mismo y te va ocasionando mediocridad y pequeñez en la misma existencia de tu ser. Eso va creando una fuerte y alta barrera que no permite que tus miradas lleguen hasta donde llegan tus pensamientos. Pero te advierto, **no puedes quedarte estático como**

el que anda sin horizonte. No te creas tan limitado y tan pequeño. No permitas que tus limitaciones agoten el caudal de cualidades que llevas dentro. Naciste para ser fuerte y ser un triunfador en medio de la batalla. Nunca digas que no puedes, porque llevas dentro de ti un sabio para verte y descubrirte como un valor y un don de Dios; **eres un atleta para correr con la velocidad de la luz y llegar a la meta, y así ocupar el primer lugar.** Y por supuesto el Ángel guardián te guía para santificar todo lo que haces, dices, y miras. Entonces, no digas que no puedes y que no sabes cómo avanzar.

No te dejes opacar por tu sentimiento de inferioridad. No te dejes hundir por tus propios caprichos. Lo que creas de ti mismo, eso serás. Si crees en tu capacidad muy lejos llegarás. Pero si te envuelves y te quedas solo en tu entorno, de ahí no saldrás.

Si te crees menos que los demás, te desprecias, te rechazas, con esa actitud entras al mundo de la insensatez. Tú mismo vas apagando la antorcha que va iluminando el sendero de tu vida. Crees que no das para mucho y por eso cuando inicias un proyecto, fracasas, porque antes que tu capacidad, pones la duda y el miedo al fracaso. No mires con los ojos de los demás, sino con los tuyos. No te midas por la capacidad o habilidad de los otros, más bien será muy saludable aprender a medirte a ti mismo. Usa y desarrolla tus propias habilidades.

Te recuerdo, cree en lo que Dios puso en ti y si te dispones, podrás llegar lejos. ¡Levántate! Sal de tu caparazón. La vida es diferente a como tú la concibes. Puedes avanzar más rápido y descubrir lo que está más allá de tu forma pobre de ver la vida, pero tienes que salir de ti mismo. Móntate en la barca y surca nuevos mares. Cree, confía y espera al igual que Pedro: ***"Maestro, hemos trabajado toda la noche sin pescar nada, pero, si tú lo mandas, echaré las redes" (Lc 5, 5).***

Sube a la cima de la montaña y mira hacia abajo. Cuántos peores que tú están dando la batalla y están vivos: tullidos, cojos, ciegos, limosneros, cancerosos, personas que se dializan, otros no tienen hijos, o son muy pobres, etc. Todos creen que por algo y para algo están en este mundo; luchan y a cada amanecer, se atreven a levantar sus miradas dando gracias a Dios por tantos regalos puestos en sus manos. Tú tienes también cosas y cuantiosos motivos, por los que puedes ser otro y feliz.

8. Aprende a sonreír cada día.

Dios ha hecho de ti un hombre o mujer capaz de amar, de ser feliz y de sonreír. No tienes necesidad de vivir una vida amargada. Es saludable asimilar que tienes todas las posibilidades de adaptación para hacer tuyo cada espacio para sonreír, vivir y ser feliz.

Al levantarte, sonríele al día. El amanecer, Dios lo dispuso para ti. Si lo recibes enojado, amargado, con mal estado interior, tu día será un fracaso y no sólo será una mala experiencia para ti, sino que también le amargará ese día a los que te rodean. Todo el que te rodea espera de ti una sonrisa.

Sonreír sana, alimenta el espíritu y es expresión de Dios. Por la sonrisa brilla tu corazón, y tu alma la recibe como un mensaje de Dios. Cuando sonríes te colocas en los que luchan por un ideal, pero más aún, te hace fuerte y te impulsa a competir con la sanidad del espíritu, y te anima a coronar tus hechos según van transcurriendo los días. La alegría te despierta cada día el anhelo de ser un conquistador y de vivir a la expectativa para que nada ni nadie te haga claudicar. Si siempre sonríes, serás instrumento de paz para todo el que te rodea y podrás levantar a tantos que andan agobiados por el peso del día y de la vida.

La sonrisa es una expresión pura del alma. Cuando no sonríes, apagas la luz que llevas dentro y que te hace único. Una sonrisa no tiene precio. En ella manifiestas el sentir más tierno y dulce que llevas en lo más oculto de tu ser. Una sonrisa no se compra con dinero, ni se compra en un supermercado. Pero tampoco necesitas dinero para obtenerla. La sonrisa auténtica tiene un costo: abrirte al amor sensible de Dios. Y cuando sonríes, Dios sonríe a través de ti.

Sonreír es un don. Haz el compromiso hoy de sonreír. Disfruta ese don, y si te cuesta, puedes cultivarlo. Una sonrisa cuando sale del corazón se convierte en medicina que sana el alma y alimenta el espíritu. Trae quietud al alma, pues es como la música que nos pone en sintonía con Dios. Disponte a sonreír, hacerlo es una gracia y te permite encontrar el verdadero sentido a la vida, pero también, hace que quien te vea sonreír, sienta que se libera de cualquier tristeza o amargura que agobia su día. Así que, si quieres vivir más y mejor, sonríe y deja de ser una persona amargada. Sonríe y dile a quien te encuentres hoy: "Sonríe que Dios te ama".

9. Naciste para triunfar.

Cada persona tiene, según su capacidad, todas las posibilidades de triunfar en el campo que le corresponde desarrollarse como ser humano. Cada día te enfrentas con enemigos que te quieren derrumbar e impedir que sigas peleando en el campo de batalla. Esos enemigos pueden estar dentro y fuera de ti. A veces se presentan como muy fuertes o invencibles.

Dentro de ti:

El miedo: Temes fracasar y ese miedo no te permite lanzarte.

El desánimo: El haber fracasado una y otra vez se vuelve en ti un obstáculo que no te deja ser tú mismo.

La indecisión: Eres inseguro al tomar una decisión, por eso nunca avanzas, te quedas en el camino, así que, al iniciar un proyecto con indecisión, antes de concluir dicho proyecto ya has fracasado.

Dudas: La duda ocasiona inseguridad, siempre cuestiona y busca lógica a las cosas.

El perfeccionismo: Es bueno hacer las cosas bien hechas, pero creer en que todo tiene que ser perfecto puede llevarte al fracaso. Siempre contarás con los errores en el camino. Eso te dará un margen para ir perfeccionando las cosas en la medida que lleguen esos errores y así no te sorprenderás, si desde el principio, contaste con ellos.

Fuera de ti:

Actuar en base a otros. Si te llevas de la gente, nunca lograrás llegar a la meta. Te criticarán, dirán que eres un inepto, que no das para eso.

La escasez material: Dinero, posesiones, herramientas, etc. La carencia de cosas te derrumba pensando en lo imposible.

La ausencia de casa, oficina o fábrica. No tener un espacio o lugar donde puedas realizar tu vida y labores con dignidad, y así potenciar tu capacidad, imposibilita el alcance de tus metas a corto y largo plazo. Otros obstáculos internos afectarán tu desarrollo material y externo: La tristeza, la depresión, la amargura, la soledad, el aburrimiento, la angustia.

Ante todo este panorama que acabamos de ver, la decisión está en tus manos para no derrumbarte. Lucha por darte tu espacio y ser lo que Dios quiere que seas, pues Él puso en ti la capacidad necesaria para ser un triunfador, tanto en lo pequeño como en lo grande. Avanza con pasos firmes, sin desmayar, y llegarás a calar lo más alto de la cima de esa montaña que es la vida. Tienes toda la capacidad de vencer, aunque sientas y pienses que las fuerzas te abandonan.

Las incomprensiones podrían enmudecer y callar la fuerza huracanada que llevas dentro, pero no te rindas, pues todo lo que encuentres a tu paso caerá rendido a tus pies. Naciste para triunfar, no para ser un fracasado. Convéncete que fuiste creado por Dios para triunfar ante las adversidades y vencer todos los obstáculos que se te presenten en el camino.

En tu potencialidad eres más de lo que eres en realidad. Tus limitaciones y pequeñeces no disminuyen tus grandezas. **Lucha como lo que eres, vive como lo que quieres y trabaja como fuiste creado, y nadie ni nada arrancará de ti la razón por la que Dios te creó.** Enfrenta con entusiasmo las situaciones que creas que puedan atrasar tus proyectos o tu vida, que al final del camino, podrás verlas, no como piedras, sino como bendiciones. Entiende que Dios te creó para ser un triunfador, no un frustrado que sólo sabe perder.

Actúa y vive por ti mismo. Que otros no manejen la barca que te corresponde pilotear. Cuando otro dirige tu vida, decide por ti y tú te conviertes en veleta o títere, manejado y dirigido, entonces estás impedido de ser tú mismo.

De igual manera, en tus expresiones y decisiones dejarás ver que eres inseguro, y de ese modo nunca sabrás a qué puerto llegarás. Es de sabios no limitarte por lo que te hacen sentir que eres, pues si crees que eres lo que los demás piensan de ti y lo que te hacen ver, nunca llegarás a ser lo que estás llamado a ser. Serás lo que los demás han hecho y han pensado de ti.

Afánate por ser lo que debes y tienes que ser. Si los demás piensan por ti, nunca te definirás a ti mismo y serás como una tumba vacía, perderás el sentido de tu propio ser. Haz de ser hechura de ti mismo, actúa y piensa por ti y será la única manera de ir conquistando espacio en ti mismo y de ir triunfando por encima de las contrariedades que puedes encontrar en el tránsito de la vida.

No te dejes vencer por una derrota. Todos, **en algún momento de nuestra vida, hemos tenido una derrota o hemos caído en algún error, pero eso no nos quita el derecho de levantarnos y empezar de nuevo.** La derrota, también es parte constitutiva de quien se afana y lucha para triunfar, es parte de nuestro ser y con ella tenemos que contar. Sin embargo, no es lógico dejarte aplastar por una derrota. Es lo contrario: una derrota te ha de impulsar a luchar para lograr la meta que te has propuesto y te ha de servir como una enseñanza para no repetir lo que pudo amenazar el ganar la carrera. Entonces, vivir cada día como un reto y decirte a ti mismo: "Hoy debo ser un triunfador", es la clave principal para como el ave fénix volar y alcanzar el triunfo.

Estás hecho para ser una persona de esperanza, no para vivir en la mediocridad, como los que no tienen ilusión de saber que la vida tiene muchos desafíos. No te quedes rezagado, sin decisión, viviendo una vida sin anhelos y sin esperanzas. Eres el timón de tu propio carro, anda, enciende y echa a andar el carro de tu existencia. Eres la luz de tus propios fracasos y en ellos haz de poner la plataforma de tus triunfos.

10. Detente un momento.

No podemos vivir la vida como un carro sin freno. Tenemos que hacer un stop en diferentes etapas de nuestra vida para analizar y analizarnos. A veces tomamos decisiones que no son las más correctas, por falta de tiempo. En nuestra época tenemos un problema muy común: queremos vivir la vida rápida y sin detenernos. Pero si no hacemos paradas en el camino, no tendremos la suficiente lucidez para elegir el mejor sendero y llegar a la meta deseada, cumpliendo así con la voluntad de Dios.

Es posible que nunca hayas puesto interés en algo, y por eso no avanzas o todo te sale mal. Has ido viviendo mediocremente sin profundizar en los vaivenes de la vida. A todo has dedicado tiempo, pero a nada con interés. Además, es muy probable que hayas dedicado la mayor parte de tu tiempo a cosas sin importancia y a lo que te ha separado de ti mismo y de Dios.

Quiero que te detengas y mires el camino recorrido. Tú mismo has de servir de juez. Si lo haces así, es posible que te arrepientas, pues verás tus grandes distancias recorridas, pero sin provecho alguno; reconocerás cuánto tiempo has desperdiciado en realidades que no te han permitido crecer, y por el contrario, han destruido el plan de Dios en ti. Por tanto, ver hacia atrás y fijar tu mirada en el horizonte lejano, puede provocarte un cambio de dirección. ¿Te costará mucho? Claro que sí, pero así medirás la distancia que te separa de Dios y entonces sí te darás cuenta que no has dado a Dios el lugar que ha de ocupar en el centro de tu corazón.

Al detenerte y mirarte a ti mismo, te reflejas en el espejo de tus propias obras, y te lleva a juzgarte y colocarte en el escalón que ha ganado tu vida. Pensarás que no es el escalón que mereces, que debías estar más alto, pero si te detienes y miras cuántos escalones te faltan, te darás cuenta que te habrás esforzado poco y que no habrás puesto el interés que merecen tus días, que separaste a Dios, sepultándolo sin darle la oportunidad para ofrecerte la vida eterna.

Pide la asistencia de Dios en todo lo que te propones y en todos los espacios de tu vida, y así al final de ella te sentirás satisfecho, pues hiciste lo que tenías que hacer por haber dado a Dios su lugar y dejar que Él guiara tu vida.

Detenerte entonces es mirar tus debilidades, tus fragilidades y darte cuenta que solo no puedes llegar lejos. Es dejar que Dios tome el control de tu vida, que será la única manera de avanzar rápido, seguro y llegar a buen puerto. Es valorar lo que eres y creer que la vida es un don de Dios. Es auto mirarte y verte como criatura llamada a la vida eterna. Es dejar los complejos, creyendo que eres inferior a los demás, pues eso atrasa el plan de Dios en tu vida.

11. No pierdas la paz.

Jesús vino a traer paz, es dador de la paz: ***"Yo les he dicho esto para que, gracias a mí, tengan paz. En el mundo***

tendrán que sufrir, pero tengan valor. Yo he vencido al mundo" (Jn 16, 33).

No puedes desequilibrarte por situaciones que te llegan diariamente e intranquilizan tu vida. El enemigo es muy astuto, sabe que cuando pierdes la paz va ganando terreno para hacerte caer en el pecado y así pierdas el sentido hermoso de la gracia de Dios. Y al entrar en este estado de vida también pierdes la razón, lo que es aprovechado por el tentador para hacer que entres al mundo de la ira. Este primer pecado capital te introduce a la soberbia, a la vanagloria, a la prepotencia, dejándote indigestado e indispuesto para vivir la presencia de Dios.

Jesucristo habló muchas veces a sus discípulos de la paz: ***"La paz les dejo, la paz les doy y no como la da el mundo. No se inquieten, ni se acobarden" (Jn 14, 27).*** Jesús sabía que vivir sin paz es vivir sin amor, pues el que no disfruta de paz no puede ser bueno con los demás. Como nos señala La Palabra: ***"Dichosos los que trabajan por la paz, porque serán llamados hijos de Dios" (Mt 5, 9).***

Si trabajas por la paz tendrás a Dios de tu lado, pues la paz te enseña a ganar las almas para el cielo y a poner el corazón sólo en Dios, para que el enemigo no te quite la visión del cielo: ***"Sean sobrios, estén siempre alertas, porque su adversario, el diablo, como león rugiente, da vuelta buscando a quien devorar" (1Pe 5, 8-9).*** Al perder la paz, pierdes el equilibrio, la calma y esto te hace perder la gracia, y más aún, te aparta de Dios. Ser instrumento del mal es ser canal para que los demás también pierdan la gracia.

Tienes que mantener la paz en el mar revuelto y en medio de la tempestad. Dios siempre está presente cuando confías en Él. La paz es alimentada por la confianza en Dios: ***"Los que confían en el Señor, no quedarán defraudados"***

(Rom 10, 11). En el profundo dolor y en lo más espeso de la oscuridad, si confías en Dios, tendrás paz.

La paz es un don, un tesoro y una gracia. Donde no hay paz, no hay felicidad. La paz como don, te permite ver a Dios en medio de la tempestad; como tesoro, te enseña a valorar tu vida y la de los hermanos; como gracia, te enseña a valorar lo que eres y lo que puedes ser. Cuando pierdes la paz, pierdes el sentido por lo que fuiste creado y te conviertes en un monstruo, capaz de hacer daño a todo el que te rodea.

Las perturbaciones te van causando intranquilidad y desequilibran tu estado de ánimo. Emocionalmente y en lo profundo de tu alma te invade el sabor amargo de la tristeza, el espíritu decae, la angustia te oprime y la depresión te derrumba. Este maremoto de situaciones produce en ti un estado carcelario, en el cual sientes cómo te aprisionan esas frías paredes, dejando salir de ellas el deseo de muerte. Y así te vas sumergiendo y experimentando la pesadilla más horrible que un ser humano pueda sentir.

La paz brota del corazón. No puedes adquirirla con dinero en una tienda como si fuera un objeto. La paz viene de Dios y la poseen los que caminan con Él. Si estás lleno de su presencia, serás instrumento de paz. Si odio tienes en tu corazón, eso darás a los que encuentres en tu camino. El que anda sin paz, anda sin Dios y va dejando al caminar, huellas de muerte. Tu corazón y Dios te invitan a dejar huellas de vida, y al caminar ser un reflejo de Dios que transmita el olor a Cristo Jesús.

Te motivo a que no dejes que nadie te quite la paz. Acuérdate que eres instrumento de Dios, por lo tanto, un imperativo interior te moverá a estar al servicio de la paz. Que todo el que vea tu rostro, sienta paz y sienta el reflejo de una criatura llena de Dios, capaz de devolver la paz a cuantos andan cargados y agobiados: ***"Vengan a mí los que están cansados y agobiados y yo los aliviaré"* (Mt 11, 28).**

12. No mientas, atrévete a decir la verdad.

La mentira es un perfecto canal para formar fieras destructoras. La mentira hace que se pierda la personalidad, hace de la persona la medida de su maldad y la doblega a someterse a un mundo irreal e imaginario, sólo con deseos voraces alrededor de lo material.

La mentira convierte a la persona en un ser vano, vacío, sin dirección, capaz de hundir, maltratar y hasta matar con tal de quedar bien. Es como un árbol seco que al trozarlo por dentro está hueco, lleno de alimañas, de insectos ponzoñosos y venenosos. El mentiroso, es el hazme reír del diablo, es manejado por él y lo lleva a hacer las peores atrocidades. Y lo más penoso, que realiza atrocidades sin ningún dolor, lo cual le declara con una pérdida total de la conciencia.

La persona mentirosa al perder el sentido de la verdad, pierde la dirección de su vida, pero también pierde el sentido de la salvación, ya que, al perder la gracia, pierde a Dios. Es indolente, capaz de poner en juego, hasta a sus seres más queridos. Actúa como el que no tiene corazón, incluso con una mezquina insensibilidad. Es cínico, y más que todo, soberbio. Le gusta callar, pero en su silencio planifica la maldad. Le gusta que lo tomen en cuenta porque siente que su vida no vale nada. Siempre se apoya en alguien para planificar su maldad. Se siente solo, desamparado, y es poseedor de una conducta típica: no confiar en nadie.

Ser mentiroso no tiene razón de ser, pues la vida del que miente siempre será vacía, ya que no encuentra nada a su medida. Todo le cae mal, actúa sin medir consecuencias y después de todo, se presenta como un ser indefenso, creíble, débil, fácil de tratar. Esto le hace ganar amigos y conquistar cualquier espacio. Es como preparar terreno para lanzar su veneno, el ambiente para atacar a sus víctimas. No tiene compasión, porque no tiene corazón. El mentiroso es un instrumento muy cercano del maligno.

Fuiste creado por la perfecta verdad, que es Dios, para no decir mentiras. No hagas, ni digas, lo que no estás llamado a ser. Cuando haces y dices lo que no debes, estás contradiciendo lo que estás llamado a ser. Por tanto, cuídate de no decir mentiras. **La mentira es la tumba de los que la practican.** El mentiroso será deshonrado por sus obras delante de la presencia de Dios. El mentiroso, porque ha creado caminos de oscuridad, quedará atrapado en ellos, pues serán para él laberintos sin salida. El mentiroso vive sólo para él. Es egoísta, incapaz de hacer obras buenas y agradables a la presencia de Dios, y su alma hiede a azufre y a carne podrida, con el peor de los olores. Produce repugnancia al corazón de Dios y náuseas a las almas que buscan la verdad. El mentiroso será desterrado al dolor y al sufrimiento. Será deshonrado por su deshonestidad, hipocresía, necedad, por quien le engañó y lo hizo su instrumento: el diablo.

Te aconsejo, aunque quedes mal, esfuérzate por decir la verdad. Más vale decir la verdad y quedar bien delante de Dios, que decir la mentira para quedar bien delante de los hombres. Desde hoy, comienza a ser instrumento de Dios. **Decir siempre la verdad es dejar que la paz sea el brillo de tu alma.**

13. Adelante, no te desanimes.

Una de las tantas enseñanzas de Jesucristo a sus discípulos es que los enseñó a perseverar en las dificultades, y por tanto, a creer en Él: ***"Les he dicho esto para que gracias a mí tengan paz. En el mundo tendrán que sufrir, pero tengan valor: Yo he vencido al mundo" (Jn 16, 33).*** De forma explícita Jesús te indica que llegarán momentos de intranquilidad y fuertes amenazas, y que tanto el descontrol como el desequilibrio podrán incitarte a tomar las peores decisiones y cometer los peores errores. Dichos errores los cometes cuando pierdes el control de ti mismo.

Lo que puedas vivir y sufrir, tómalo como espacio para el crecimiento. Cualquier experiencia que creas negativa, no le corras, enfréntala con firmeza, creyendo en Dios y en ti mismo. Tampoco te enfades, menos ignorarla, porque podrías ir acumulando herramientas tóxicas que formarán barreras que no te dejarán vivir feliz y con paz interior. Recuerda el dicho: "A mal tiempo, buena cara". Así irás formando tu propia personalidad e irás haciendo de ti una persona recia, fuerte y con decisiones firmes y seguras.

No permitas que una situación apague la luz que llevas dentro y con la cual puedes alumbrar a tantos. Por ti son muchos los que pueden vivir con entusiasmo y alegría porque tú transmites deseos de vivir. No te desanimes porque las cosas no salieron como tú esperabas o porque alguien obstaculizó lo que tu tenías en proyecto. Que nada ni nadie te haga tambalear y decaer. Eres fuerte y los que te conocen, saben, que nada te detiene y nada te hace mirar atrás. No lo olvides, al final del camino no sólo tú te sentirás satisfecho de lo que has hecho, sino que otros se medirán con tu misma medida porque serás espejo para ellos.

No te deprimas por lo que quieres ser y no puedes, o por lo que desees hacer y tampoco puedes. Si no eres lo que deseas ser y si no puedes hacer lo que quieres, no te angusties, y menos aún, no te deprimas. Basta que entiendas que si te has esforzado y has luchado para llegar y no has podido, es porque en lo que quieres y deseas no está el complemento de tu felicidad. Tu felicidad está donde está la buena intención de Dios para ti. Lucha y afánate por agradar a Dios y en la medida que busques agradarlo a Él, irás experimentando la llenura de Dios y el deseo de estar con Él. Eso te hará sentir que tus luchas y deseos de ser más tomarán sentido.

¿Te falta ánimo para enfrentar el día o la situación que te llega? ¿No tienes deseos de salir de tu casa o de ir al trabajo? ¿No quieres levantarte porque te sientes deprimido? ¿No quieres ir al chequeo médico? ¿Te agobia la carga que llevas? ¿Te asusta esa enfermedad? ¿Sientes que no vale la pena seguir luchando? ¿Te sientes un fracasado y no quieres volver a intentarlo? Yo te digo: ora, busca y escucha la suave brisa del paso de Jesús que te dice como a los discípulos: ***"Vengan y verán" (Jn 1, 39)***. ¡Tú puedes, Animo! Hay otros que han triunfado después de tantas veces fracasar.

Repite: "Señor Jesús, tú eres mi fortaleza, mi luz, me levantas cuando me derrumbo, me sostienes cuando me voy a caer, me das fuerzas cuando me debilito. Eres mi manantial cuando se seca mi fuente; eres mi descanso cuando me siento cansado; en tus pies camino cuando los míos ya no me sostienen; tus ojos son los míos, cuando no alcanzo a ver lejos; eres mis oídos cuando ya los míos no me sirven. ¡Oh Señor Jesús, que seas Tú el camino por donde hoy pueda transitar y que mi corazón sólo palpite por ti!".

14. Actúa por amor y no por dolor.

Cuando actúas con furia, dolor o resentimiento, terminas dañándote a ti mismo y por supuesto a los demás. Si mides al otro por lo que llevas dentro o a partir de cómo te han medido a ti, estarás creando con tus herramientas erradas tu propia sepultura de muerte, y donde las sombras y las noches se multiplican. Y se multiplican porque el dolor hecho resentimiento te llevará a odiar, y el odio es puerta segura para llegar al abismo profundo y oscuro de la amargura. La amargura tiene sabor a soledad, tristeza, inconformidad, malestar, desconcierto.

Todo lo que sale de un corazón adolorido y resentido son palabras hirientes, venenosas, destructivas, que obstaculizan la relación sana y el crecimiento vital.

No naciste para vivir solo o amargado, pero tampoco para ser instrumento del mal; naciste para vivir en el amor y ser instrumento del amor de Dios. Por encima de las incomodidades interiores o de los sin sabores de la vida, puedes ser un instrumento de la gracia y de la presencia de Dios. Si comienzas a actuar por amor y no por dolor, tus heridas sanarán, y al sanarlas irás construyendo tu propio castillo con los adornos de la paz, la liberación interior y la alegría. Y estos adornos son las mejores armas para luchar contra cualquier adversidad. El amor sana, edifica y levanta. Por amor puede ser diferente tu vida. Sólo en y por el amor puedes ayudar a construir un mundo mejor.

El amor soporta todo, y lo es todo porque nunca busca el mal, está por encima de todo *(Cfr. 1Cor 13)*. Dios actúa por amor porque es el amor. El amor te hace capaz de ser alguien, y capaz de dominar cualquier situación, porque el amor auténtico no permite razonamientos y va más allá de todo horizonte humano. Te lleva a actuar sin medidas de consecuencias. El amor es un don y sólo lo pueden cultivar quienes se dejan llevar por Dios. Tú, no te apartes de Él. Es una gracia vivir en sintonía con Dios y ser instrumento de su amor.

15. No dejes que otros determinen tu vida.

Las desviaciones conductuales en las que vives, las indecisiones que te paralizan y tus actuaciones en base a los parámetros e influencias de los demás, determinan el rumbo de tu vida, el alcance o no de tus metas y tu propia realización.

Las experiencias y vida de otras personas conviene conocerlas, pues las mismas te arrojan luces y sombras, vías erradas y vías correctas, éxitos o fracasos. Pero una cosa es dejarte iluminar por la experiencia de otros, que decidir y actuar sólo en base a la influencia de los demás, porque aquí está en juego tu personalidad, el hecho de que eres una persona única y con cualidades, sentimientos y habilidades propias.

Tú tienes todas las posibilidades de salir adelante y sentirte satisfecho con lo que haces, sea poco o mucho, pequeño o grande, porque es obra tuya. Lo importante de lo que haces, no lo determina que sea poco o mucho, sino la intensidad de cómo lo haces y el valor que le das al hacerlo. No te fijes en lo que hacen los demás, más bien, dale importancia a lo que tú haces y a lo que puedas hacer. Tus habilidades serán suficientes para sentirte satisfecho con lo que tienes y hasta dónde puedas llegar.

En la medida que eres capaz de hacer bien lo que haces, sin dejarte cuadricular por los demás, en esa misma medida se van perfeccionando tus habilidades, te vas agradando a ti mismo, pero más aún, agradas a Dios. No te fijes en las habilidades de otros, fíjate en las tuyas. Aprovecha lo que tienes, pues el querer ser como los demás te degrada, te hace más pequeño, te imposibilita crecer; y esa actitud demuestra que no te aceptas como eres.

No te midas con la medida de los demás, porque siempre serás pequeño e insignificante; no camines apoyado en el bastón de los que te rodean, pues siempre serás el hazme reír de ellos y quedarás en ridículo; no quieras sonreír al compás del mundo (eso te hace mediocre e incapaz); no quieras verte en el mismo espejo de tu vecino, pues serás como un parásito, alienado, al permitir que los demás piensen por ti.

Deja que los demás sean ellos. No te dejes arrastrar y llevar al campo donde ellos te quieren llevar. Ese campo puede estar minado. Aprende, que el molde que Dios usó para ti, es único e irrepetible y en él, Dios puso la capacidad y las habilidades necesarias para llegar a ser tú mismo.

Cuando te dejas determinar por los demás, tus decisiones serán desajustadas y los resultados nunca encajarán para satisfacer el anhelo de ser más y sentirte realizado.

16. En momentos de crisis no tomes decisiones.

En tu vida llegan momentos de calma, como también de tormentas; momentos de luz, como también de oscuridad.

No siempre estás lúcido y emocionalmente equilibrado. Toda tu vida es relativa y tienes circunstancias que llegan cada día sin esperarlas y sin razonarlas. Por lo mismo, necesitas usar la prudencia para enfrentar las cargas de cada día desde el punto de vista de la fe, sobre todo al momento de tomar decisiones muy serias y que pueden marcar el rumbo de tu vida.

Una orientación muy sabia de psicólogos, directores espirituales y de humanistas destacados, es la de no tomar decisiones en momentos críticos de tu vida: al perder un ser querido, al romper con tu pareja, cuando te sucede una desgracia, al sufrir colapsos económicos, etc. Porque una decisión mal tomada y en un momento de angustia, desesperación o crisis, te puede costar la vida o puede perturbarte para siempre.

Las malas decisiones arrastran consigo una hilera de consecuencias: marcan rumbos en la vida, duran mucho tiempo, perjudican, perturban y más que todo, tu misma conciencia y familiares te reclaman por haberlas tomado sin la clara conciencia de sus resultados.

Al tomar una decisión, espera el momento oportuno, cuando tu mente goce de calma y puedas razonar sin ser presionado por nada ni por nadie. Si lo haces así, los que han sido tus peores enemigos: angustias, crisis, perturbaciones, desilusiones y depresiones, ya vencidos, se convertirán entonces en palancas de refuerzos, que te permitirán tomar decisiones seguras y firmes que te lleven a las metas deseadas.

En momentos de crisis las emociones se te alteran, se disloca tu mente, te desenfocas y fácilmente pierdes el equilibrio, el ánimo y hasta la razón, sin tomar conciencia de quienes te rodean y en el lugar que te encuentras.

Hay miles de situaciones: la familia, el trabajo, la empresa, el amigo, una incapacidad, etc., que te pueden ocasionar tensiones y poner en peligro tu estado emocional. Estas situaciones se constituyen en tiempos críticos en los que puedes aferrarte y afianzarte en Dios, o tirar la toalla. Pero como ser humano has sido creado para la lucha, para la batalla, para la conquista. Y en ese desafío y búsqueda de conquistas, cuentas con armas espirituales que te hacen invencible ante el enemigo. No puedes tener miedo. Nos dice Jesús: ***"No se inquieten ni se acobarden" (Jn 14, 27).*** Esta es la certeza: si crees en Dios y lo aclamas en tus decisiones, llegará a ti la fuerza y la luz para tomar decisiones que te merezcan la vida y te liberen de la muerte.

En los momentos de crisis no te refugies con tus amigos de caverna, bajo el techo del fracaso o con la pareja equivocada. Eso ayudará más a aumentar la crisis y a oscurecer más el camino. No dejes que el enemigo robe tu paz y perturbe tu sueño. Ven, refúgiate en el Señor. Él te ayudará, pondrá un ángel delante de ti y te defenderá, siendo tu escudo protector: ***"Yo te amo ¡Señor, mi fortaleza! ¡Señor mi roca, mi defensa, mi libertador! ¡Dios mío, mi roca de refugio! ¡Mi escudo, mi fuerza salvadora! (Sal 18, 2-3).***

La única decisión que debes tomar en tiempos de crisis, es acercarte a Dios, y esa será la mejor opción y la más acertada. Él te ayudará y estará en todas tus decisiones, y con El serán todas buenas y precisas.

17. La decisión correcta.

La vida es un camino largo y recto, y si te sales de él tardarás en encontrarlo. Pero más aún, te puedes perder y nunca más volver al mismo sendero. Has de tener sentido de dirección, como los navegantes, que guiados por la brújula y el mapa con los que trazan sus rutas, alcanzan sus puertos con seguridad. De igual manera fuiste creado por Dios para caminar en dirección hacia Dios, y tu alma no podrá reposar fuera del espacio señalado por tu Padre Dios.

Si pierdes la dirección, pierdes también el sentido hacia dónde te diriges. No te confundas, el sentido de tu dirección es Dios, el camino es la gracia y la meta es el cielo. Al mantener bien despierta la meta, nada ni nadie te quitará la gracia de mantenerte en la dirección de tu Creador.

Dios te diseñó con un propósito, puso en ti grandes dones y la habilidad necesaria para no perder el rumbo hacia la vida eterna. "El propósito de Dios para ti, es más grande que tus fallas". Si estás fuera del camino y perdiste la dirección correcta, Dios te quiere brindar una nueva oportunidad, pues no sabes si te queda poco tiempo o si el camino ya termina. Decídete hoy, quizás para mañana sea ya muy tarde.

18. La soledad en tu vida.

El hombre no está creado para vivir solo, apartado, sino para vivir en relación con los demás. Su crecimiento humano-espiritual está en y con el medio que lo rodea. Su realización última la consigue tomando como vía a los demás. Ellos son la medida de su crecimiento y de su satisfacción en el plano humano, y el alimento que le nutre para calar al paraíso. Su triunfo por este mundo, haciendo el bien y tomando a los demás como referencia, lo ha de llevar a la gran meta: El Cielo.

Como hombre no estás creado para ser egoísta, buscar tu provecho personal, creerte autosuficiente, luchar sólo para ti mismo. Has sido creado, en una primera etapa, para vivir en comunidad, en sociedad, y por ello es un imperativo humano el dejarte ayudar y a su vez ayudar a tus semejantes. Esa es tu contextura real y espiritual. Tu preocupación y visión está y estará, en fijar tu mirada en tu segunda etapa, que es el cielo.

Cuando como hombre terreno no llegas a saborear tu realización última, porque descuidado perdiste el recto camino, entonces llega la desgracia a tu vida: tristeza, desolación, amargura y la terrible soledad de no poder entender el sentido de la vida. Esta situación es distinta a la de aquellos que por propia voluntad se apartan para vivir aislados, dedicados a la contemplación y a la oración. Estos no sufren de soledad, ni se sienten amargados por vivir apartados del mundo. Su vida es un estar y vivir para Dios. A la soledad que me refiero es aquella que vives cuando no das el sentido correcto a tu vida, sólo disfrutas la carne y das la espalda al espíritu. Eso es llevar una vida desordenada, sin tomar conciencia que estás alimentando la fuerza del mal, y por lo mismo, sufres la terrible oscuridad de sentirte solo, y la soledad sin dirección mata.

La soledad, en este tiempo más que en otro, se acentúa y crece cada vez más, debido a las tantas posibilidades que tienes para enfrentar la vida. Tienes prácticamente todo o se te facilita todo, y esto hace que llegue el momento de no sentir la necesidad de Dios. Pero al enfrentarte contigo mismo, en la etapa de tenerlo todo y seguir insatisfecho, se abre el abismo de la inconformidad y del sin sentido. Sin embargo, esta realidad provoca en ti dos reacciones casi obligadas: Primero, la búsqueda de Dios para salir del negro abismo de la soledad interior; y segundo, acabar con esa terrible amargura de la soledad, y entonces ves como única salida, la muerte, que por supuesto, nunca es salida para quien cree en Dios.

Lo triste de este terrible mal de la soledad, es que quien está en este estado de ánimo, le da miedo enfrentarla y estar a solas con Dios. Estar con Dios no provoca ese tipo de soledad. A Dios le gusta estar a solas contigo y llenar esos espacios vacíos, esos abismos que habrás provocado por no darle de tu tiempo a Él. Dios te quiere mirar con ternura, escudriñar lo más íntimo de ti y decirte cuánto te ama, pero para eso, huir del silencio es huir de Dios. Pero no confundas el silencio con la soledad. Tu alma necesita hablar con Dios, y tu alma es el espacio donde puedes hablar con Él, y espiritualmente escuchar la música del cielo. Sumirte en el más profundo silencio te hará ver como en un lente fotográfico, cómo se une el cielo con la tierra, y cómo tu espíritu aletea en los aires celestiales. Así que, cuando creas tener soledad, aprovéchala y conviértela en espacio de silencio para quedar extasiado y contemplar, a través de tu alma estática y serena, lo que los ojos humanos no pueden ver ni percibir tan fácilmente. La grandeza inconcebible del omnipotente que está por encima de todo lo creado, con tal presencia te deleitará, y sembrará en ti la decisión firme de no querer volver a este mundo manchado y sucio por la contaminación del pecado.

Te animo a que no tengas miedo cuando lleguen esos momentos, y ya sabes cómo enfrentarlos. Tienes las mejores herramientas, aprende a usarlas.

19. No digas que no puedes.

El peor error para alcanzar una meta es decirte a ti mismo: ¡No puedo! La barrera más difícil de vencer eres tú mismo. La negatividad y el pesimismo son torres muy altas que están en ti, y que para avanzar tienes que enfrentarlas y derribarlas.

Si comienzas creyendo en Dios y en ti mismo, nada detendrá tus propósitos y tus planes. Con esta doble actitud lo que creas lejos, estará a la esquina; lo que veas invencible, caerá a tus pies. Nunca inicies un proyecto cargado de dudas pensando que será difícil terminarlo, pues de pensarlo así, entonces nunca terminará. ¿No te has dado cuenta que las barreras las creas tú? ¿No has pensado que lo fácil o difícil también está en ti? Nunca pongas las dudas primero que la certeza. No es que lo pongas todo fácil, pero no creas las cosas irrealizables, creando dentro de ti, incertidumbres que no dejarán ver con claridad y mucho menos, arrancar con seguridad.

Si pones dudas al inicio de una empresa o propósito, a mitad del camino te quedarás y miles de veces tratarás de reiniciar y no podrás, porque el inicio del mismo estuvo cargado de inseguridad. Lograrás crecer y avanzar, en la medida que creas en ti mismo como un ser lleno de posibilidades que nunca se detienen por las dificultades del camino, pues has entendido que con ellas hay que contar.

No dejes que ningún tipo de barrera te quite la motivación, aunque encuentres fracasos o errores, también éstos son parte del triunfo. Si quieres grandes metas, encontrarás grandes obstáculos; si quieres metas pequeñas, serán pequeños los obstáculos; si la cima es muy alta y elevada, así serán tus esfuerzos. Así que nunca pienses en los fracasos antes de iniciar la lucha. Nunca digas que no puedes porque tienes un pasado oscuro, que no tienes capacidad o que ya fracasaste, etc. Lo contrario, no te dejes vencer por lo que fuiste o por lo que te han hecho ver. No pongas obstáculos donde no los hay.

No hay mayor barrera que el desánimo y la frialdad para la realización personal. No te dejes vencer por ti mismo. No te creas pequeño para las cosas grandes. El tamaño de las cosas depende del valor que le imprimas a tus decisiones y acciones. Si pobremente enfrentas un proyecto, pobremente verás los resultados. Si poco empeño pones para hacer las cosas, así será la cosecha. No seas tímido al decidir, siempre piensa en grande y grande será lo que realices.

20. La importancia de un abrazo.

Todo ser viviente, y tú lo eres, ante determinados hechos y conductas, tenemos reacciones positivas o reacciones negativas que manifiestan un sentimiento de aceptación o de rechazo. A diario te encuentras con miles de personas en las calles, o te enteras a través de los medios de sus grandes necesidades. A uno le falta vivienda, a otro trabajo, a otro comida o vestido, etc. Fácilmente captas esas necesidades y a veces, quieres ayudar, pero te colocas barreras y te imposibilitas para cooperar. Pero existen otras necesidades que a lo inmediato no percibes en esas personas, que pueden ser más importantes que los materiales, y que pueden ser satisfechas con gestos muy valiosos: una palmada diciéndole ¡Animo!, la escucha ante la necesidad de dialogar, un te quiero, un fuerte abrazo, un estoy contigo, un cuenta conmigo. Son gestos de amor que humanamente cuestan poco y espiritualmente valen demasiado.

Un abrazo es precisamente una manifestación pura del alma, una expresión de amor. Para quien lo da, es un medio para hacer sentir bien al otro; para quien lo recibe, es medicina que sana. Tú puedes ser instrumento hoy para que muchos sientan deseos de vivir, y puedes ayudar a tantos a salir del panorama oscuro de la depresión y de la tristeza; sólo acércate, dale una muestra de amor y cariño, abrázalos, y esa será la mejor medicina para sanar cualquier tipo de enfermedad que pueda existir en su corazón, pues sentirán que tú le estás dando valor como persona.

Disponte hoy a ser feliz a alguien. Abraza a cuantos puedas, sin importar raza, color, edad, y de seguro encontrarás personas que deseaban y necesitaban ese abrazo. Con un simple abrazo podrías estar devolviendo la vida a alguien, y muy probablemente le arrancarás una hermosa sonrisa.

Oración: Señor, me pongo en tus manos. Has de mí un instrumento de tu amor y de tu gracia. Que los demás te sientan y te vean a ti a través de mí. Que al abrazarlos seas tú quien los abraces o sientan ellos el calor de tu presencia. **Amén.**

Después de esta oración, atrévete a decirle a ese o a esa, al abrazarlo: **"No sabes cuánto te ama Dios, eres importante para Él."**

21. No hagas a nadie lo que no quieres que te hagan a ti.

El otro es parte de ti. Con él creces y alimentas tu vida diaria. Te das cuenta que eres alguien o que existes por y para los demás. Ellos te ayudan a ser lo que eres, son parte de tu forma de ser, son la medida de lo que eres. Ellos también cooperan en tu formación humana: tus padres, tus maestros, los médicos que te curan, todo el que trabaja para que lleguen a ti las diferentes cosas que necesitas para vivir. Además de Dios, cada ser humano depende de los demás seres humanos.

Nunca hables mal del otro: **"No hagas a nadie lo que no quieres que hagan contigo"**. El no tomar conciencia del dolor y el sufrimiento de los demás, es falta de caridad. No actúes por simples comentarios y mucho menos los alteres, y piensa en el daño que pueden ocasionar a los demás. No te dejes llevar por lo que escuchas decir o por lo que dicen. Si así lo haces, estás midiendo tu poca capacidad de captación del veneno regado. Eso aumenta un ambiente cargado de contrariedades, y tú caes entre los superficiales que, como chismosos, van dañando a toda una comunidad, y a la larga, quedarás como mentiroso, ganándote el rechazo y el irrespeto de quienes te rodean.

Coopera para que la herida del otro, sangre menos. No empujes el cuchillo para que esa llaga sangre más. Siempre mira al otro con misericordia. Dale tu mano, y no lo apartes de ti cuando más te necesita.

La vida es una enseñanza, y más que una universidad. Según hables, así te hablarán. Cuando conozcas a alguien, no des a conocer todo lo que eres, como hacen los que viven de vanagloria, pues el otro inmediatamente sabrá quién eres y hasta dónde puedes llegar. Es peligroso porque no sabes con quién tratas y con qué intención se te acerca. No uses todo tipo de vocabulario, pues por lo que hables, se darán cuenta de dónde vienes y la formación que tienes.

El ambiente dice mucho, y por eso has de medirte y saber con quién te relacionas. Si tú no te respetas, tampoco te respetarán. No aceptes de nadie palabras bajas, y corrígelas con humildad y prudencia en el acto, pues si las aceptas y no corriges, te estarías vinculando con dichas palabras bajas. Habla con altura y mide los ambientes, como también las personas. Brillarás por lo que tengas a tu alrededor. Aprende a ubicarte y a ubicar el ambiente que te rodea. Debes ser cauto en cada momento, pues no sabes dónde se esconde el peligro y quién puede ser tu peor enemigo.

22. No limites tu capacidad.

Toda tu vida, lo que eres y lo que llegarás a ser, está marcada por decisiones. Estas decisiones determinarán si serás un triunfador o un fracasado. Tu vida está cargada de luces y sombras. Te sirves de esas luces para transitar con claridad, para iluminar tus pasos y así evitar tropezar con los obstáculos del camino. También, te cobijas en las sombras de tus caprichos, del fracaso o de la insensatez, para no seguir la lucha, o sea, te haces preso del desánimo y de la incomprensión de ti mismo.

Decídete a ser más de lo que eres. No te limites sólo a ejercitarte en las cosas que dominas y conoces. Has de ir más allá de tus propias habilidades y conocimientos, pues si sólo te quedas en lo que sabes hacer, no llegarás a ejercitarte y conocer lo que no sabes hacer, pero que puedes hacer. Cuando te acomodas en hacer sólo lo que sabes hacer, dejas de ser lo que debieras ser, y por tanto, dejas oculto en ti mismo, un cúmulo de habilidades que Dios ha puesto en ti para que las desarrolles y crezcas en la medida que las realizas.

Decídete a salir hoy mismo de la monotonía que tú mismo te has ido formando con tu manera fría de enfrentar la vida. Debes salir de la tranquilidad de ver todos los días las cosas iguales. Eso porque tú también eres el mismo, no cambias en nada, tienes poca visión y no puedes mirar lejos, te opacas y al no creer en ti mismo, limitas tus posibilidades de ser más. Esta actitud empequeñece y ensombrece tu capacidad. Tú mismo eres un proyecto de vida y tienes que trabajarte y creer que puedes. Si piensas en grande, grandes serán tus triunfos como grandes tendrán que ser tus esfuerzos para alcanzarlos.

23. No tengas miedo.

El miedo es un arma poderosa, capaz de vencerte en cualquier escenario, porque te descentraliza y desequilibra. El miedo te hace perder la facultad de ser tú mismo, te hace incapaz. En él se oculta tu capacidad de ser más. Es el canal más fácil para cometer errores y para llegar al fracaso. No te permite desarrollar tus habilidades, dejándote ver, que no puedes o que no tienes la capacidad para ejercerlas. El miedo te envuelve, te atrapa y te hace creer que no sirves para lo que piensas y que no puedes dar más de lo que exhibes tener.

El miedo es como una noche oscura y como un lugar desconocido, no se puede avanzar con seguridad, por temor a quedar atrapado en el peligro. ¡Pero adelante!, te queda toda la posibilidad de caminar con certeza y seguridad, de enfrentar con esperanza los temores que se te presentan, en cualquier proyecto que inicies.

Si aprendes a vencer el miedo, dejarás de ser un pesimista o alguien en las esquinas de las plazas, que sólo mira pasar a los demás, critica a todo el mundo, pero él, no llega a nada porque nunca sabe qué hacer ni sabe cómo hacerlo. Es el burdo burlón que le gusta atacar, pero cuando se siente enfrentado, corre por miedo. ¡No te acobardes! ni te sientas paralizado por el miedo cuando vayas a tomar una decisión. La Palabra de Dios te ayuda: ***"¡Yo te lo mando!, ¡Ánimo, sé valiente!, No te asustes ni te acobardes, que el Señor, tu Dios, estará contigo a donde quiera que vayas" (Jos 1, 9)***. No puedes dejar que el miedo te avergüence y te haga acobardar cuando puedes luchar y vencer todo tipo de obstáculos que se te presenten. Avanza creyendo en ti y creyendo que naciste para ser un vencedor, y no te dejes absorber por situaciones que quieran dominarte. Recuerda que eres el andar de ti mismo, impulsado por tus propios anhelos y deseos de siempre ser más. No mires hacia atrás para que tus pequeñeces y errores cometidos, no arranquen las hermosas y grandes motivaciones, que, como fuego, queman tus impulsos de llegar a las metas que te propones.

24. La sencillez es una gracia.

En todos los ambientes te encuentras con personas que humanamente son más grandes o más pequeñas, con más dinero o con menos; otros que son altaneros, orgullosos, pretenciosos y van de la mano con la competencia. Todo esto te da a entender que en todos los ambientes siempre encuentras la desarmonía de unos y de otros. Unos quieren correr más rápido y otros que disminuyen el paso para ir más lento; unos que quieren siempre estar en la cúspide y otros que desde abajo luchan para duramente ganarse la vida; unos que se afanan creyendo ser los mejores y brillan por su miseria humana y otros que desde la pequeñez sólo saben sonreír tímidamente cuando reciben una mirada de ternura y de amor, dándole valor a lo que hacen. Pero hay otros que, desde el poder, usado desde la arrogancia y la falsedad de espíritu, egoístamente manejan los medios creyéndose los dueños del mundo, mientras que otros desde la sencillez, con su forma de ser y desde una fe humilde y valiente, se atreven a desafiar las inclemencias y las imposibilidades, porque su confianza está en Dios.

Cuando tú eres sencillo y humilde, haces sonreír a Dios, al cual le gusta ver los corazones humildes como el de la Virgen María. Nunca te afanes y hagas alarde de lo que no eres. Cuando te creas mayor y mejor que los demás, estás disminuyendo tu capacidad de crecer y ser más para Dios, para los que te rodean y para ti mismo. Cuando te presentas siendo altanero y orgulloso, estás eligiendo el camino de la mediocridad y de los arrogantes. Pero, además, se está cerrando para ti, el mundo de la paz interior y la armonía con Dios. El orgullo te aparta de Dios y crea en ti el abismo de la falsedad y la mentira, formando el vacío de la oscuridad y de la vida dislocada. El orgullo y el creerse más que los demás envenenan el alma y te separa de ti mismo. No debes olvidar que eres reflejo de Dios e instrumento de la gracia.

Te invito a ser sencillo y a vivir lleno de esa presencia celestial que permite descubrir la paz, desde donde brotan las sonrisas y las miradas de Dios. El sencillo es como expresión del misterio revelado de Dios entre los hombres, o como manifestación de la presencia divina embarcada en las almas nobles y puras. El sencillo se doblega ante las grandezas de Dios, permitiendo que, por su relación y cercanía con el cielo, pueda cruzar por el fuego sin quemarse o calentarse, porque su fe y su confianza en Dios superan todo poder y altanería de este mundo. Esa es la gracia que Dios otorga a los que son sencillos y creen en Él, ni el fuego le hará daño *(Cfr. Is 43, 2)*. El sencillo siempre conquistará el corazón de Dios.

25. Cada día es determinante en tu vida.

Toma en serio tu vida, pues el día menos indicado, puedes llegar a donde menos habrás pensado. Cada paso que quieras dar, mide la distancia, no sea que al tirar el pie caigas en el vacío, y entonces jamás puedas volver a caminar. Camina seguro, pero antes de iniciar dicho camino, siempre extiende tu mirada y examina cuidadosamente la distancia para que puedas darte cuenta dónde tendrás que hacer una parada o reducir la velocidad. Nunca te fíes de lo que sabes o de lo que tengas, ese puede ser tu peor error. Lo contrario: perfecciona lo que has aprendido y nunca hagas alarde de lo que sabes. Cada día, puede ser un año y cada año puede ser un día, pero, además, un día puede ser toda tu vida. Cada día que inicias, puede ser el mejor o puede ser el peor. Todo depende de ti.

26. La vida es un tesoro.

Todo cuanto existe y todo lo que posees porque Dios te lo ha regalado, necesitas cuidarlo, pero el tesoro más apreciado es la vida. De ella depende todo lo que puedas lograr. La vida es una y se puede apagar en un instante. Quiero invitarte a reflexionar sobre ella. En ésta, encontrarás la fuente del bien como del mal. Por ella lograrás llegar lejos si te dispones anclar en el puerto de la eternidad, pero si te quedas estancado en ti mismo, sólo mirando a la distancia de tu nariz, no lograrás llegar muy lejos. No sé si piensas lo que haces o haces lo que piensas. La vida no es un objeto que puedas tirar de aquí para allá y de allá para acá, más que eso, es el gran y más apreciado tesoro que por su infinito valor, debes poner máxima seguridad para proteger, guardar y defender.

No pongas tu vida en riesgo, son muchas las situaciones que la ponen en peligro. Así que, desde que te levantes, traza el horizonte de ese día, quizás lo veas lejos y difícil, pero lograrás llegar porque has marcado un final. Has de quitar desde antes de empezar, los obstáculos que la ponen en riesgo: los malos amigos, la mala vida, el miedo, el deseo de vivir una vida loca, la falta de Dios, la falta de seguridad y de confianza en ti mismo, etc. Has de quitar todo lo que pueda manchar tu vida. Planifica cada día, no salgas de tu casa sin tener con claridad, con qué has de agradar el don de la vida y con eso agradar a Dios.

Trata de no perder el tiempo, y menos en aquello que no aporta nada beneficioso a tu vida. Hay tantas cosas que te restan, y más que eso, disminuyen tu posibilidad de ser más y mejor; miles de puertas abiertas que te invitan a entrar, pero pocas te indican el camino. No quieras correr a la velocidad de una saeta, pues lo importante no es llegar, sino saber llegar. Eso es tu vida, debes saber correr para saber cómo llegar. No te desesperes ni te angusties por lo que puedas encontrar en el camino, mantente atento, pues Dios ha puesto no sólo capacidad para vencer, sino también, habilidad para maniobrar, saber cómo defenderte, mantener el equilibrio ante las adversidades, y sabiduría para superar las contrariedades de la vida.

27. Eres hechura de ti mismo.

Estás marcado por experiencias dulces y amargas que han puesto un sello de puertas abiertas o cerradas en tu vida, y que te dejan o no avanzar. Esas puertas abiertas te dan libertad para descubrirte a ti mismo y saber que puedes. Esas puertas cerradas no te dejan tomar decisiones que te ayuden a ser lo que deberías ser. A veces te defines como un incapaz y sin posibilidad de crecer, porque tus fracasos te han llevado a enclaustrarte en ti mismo, poniendo fuertes barrotes que no te permiten salir y que te hacen creer que siempre permanecerás prisionero. Quiero decirte, eres hechura de ti mismo y el resultado de tus hechos, por tanto, tus obras hablan de ti, y lo que hagas en el plano positivo o negativo, eso te define.

En la medida que obras bien o mal, en esa misma medida vas formando tu personalidad. Hechos positivos, van formando en ti, una personalidad recia, con gran visión para ser un gran ser humano; hechos que te hacen ver lo hermosa que es la vida y que vale la pena seguir adelante, pero si los recibes con conciencia clara y precisa, de lo contrario, si lo han proporcionado los demás y lo has aceptado y asimilado sin conciencia, te llevarán a ser un fracasado inepto, tanto para enfrentarte a ti mismo como para enfrentar la vida que te toque vivir. Todos queremos triunfar, pero no entendemos que todo triunfo conlleva sacrificio. Si quieres comenzar a triunfar, comienza a despegar y a volar.

Eres el resultado de ti mismo. Si eres poco o mucho, lo eres en tus propias medidas y según lo que tú mismo te has propuesto vivir. Si te conformas con poco, hasta ahí llega tu capacidad; si eres insaciable y produces mucho, mucho obtendrás. Llegas hasta donde te propongas llegar. Si te crees mediocre, eso serás; si te crees capaz, tendrás capacidad para lo que creas. Así que te invito a que no te dejes limitar: Primero por lo que piensen los otros de ti, y segundo, por tus propias limitaciones. Eres más que los límites que te impones. Lo que pienses, hagas y digas, eso serás tú.

Biografía

Rev. P. Rafael Delgado Suriel (P. Chelo)

Nació el 24 de octubre del año 1959 en el Santo Cerro, La Vega, hijo de una familia humilde, encabezada por los señores Sinencio Delgado y Gertrudis Suriel (fallecidos). Es el 9no de 15 hermanos. Sus estudios primarios y secundarios realizados en la escuela Padre Fantino y en el Colegio Nuestra Señora de Las Mercedes del Santo Cerro. Terminando su bachillerato, comienza la carrera de Historia en la Universidad Autónoma de Santo Domingo (UASD) y es desde aquí, por el ambiente adverso a la fe y confiando en Dios, movido por el Espíritu Santo, decide abandonarse en sus brazos en donación plena y total, ingresando al Seminario Santo Cura de Ars el 27 de agosto del año 1981, donde comienza sus estudios Pre-Filosóficos. Después de cinco años obtiene una Licenciatura en Filosofía por la Pontificia Universidad Católica Madre y Maestra (PUCMM).

El 11 de junio de 1989 fue ordenado Diácono, y enviado a Boston para una experiencia Pastoral. El 11 de agosto de 1990, seducido por el amor de Dios y su ardiente deseo de servir a la Iglesia en rescate de las almas, es ordenado Sacerdote.

En el 1990-1991 fue asignado Vicario Parroquial de la parroquia Nuestra Señora de Fátima, en Bonao. Entre 1991-1992 Vicario de la Parroquia Nuestra Señora del Carmen en Jarabacoa y al final de año 1992, es nombrado Párroco de la Parroquia Nuestra Señora del Pilar, de Cevicos.

En el 1994 pasó a ser Párroco en la Parroquia Inmaculada Concepción, de la ciudad de Cotuí, hasta el 1998. Del 1998 al 2000 viaja a México a la Universidad Pontificia de México y adquiere una Maestría en "Espiritualidad".

Después de dos años en México es nombrado Párroco interino por seis meses en la Parroquia San Antonio de Padua de Tenares.

En el 2001 es asignado como Párroco a la Iglesia Santa Teresita de Lisieux, en Las Carmelitas, La Vega.

Y el 5 de septiembre del 2012, Párroco de la Parroquia Espíritu Santo, en Arenoso La Vega.

En el 2015 viaja a Italia y adquiere el título de Postulador por la Universidad Urbaniana de Roma, para trabajar como vice postulador de la causa del glorioso Padre Francisco Fantino Falco.

A su regreso continúa en la Parroquia Espíritu Santo y es el 22 de julio del 2018 nombrado cura Párroco de la Parroquia Santa Rosa de Lima de Rincón, La Vega.

Actualmente es:

- Vice-postulador en Roma y la República Dominicana de la causa de beatificación del glorioso Padre Fantino.
- Fundador de la Congregación Religiosa "Hermanas Misioneras del Padre Fantino".
- Fundador de la "Comunidad Misionera del Padre Fantino" (Misioneros Consagrados).
- Fundador del Hogar del Niño Padre Fantino (para niños pobres, huérfanos y abandonados).
- Director y fundador de la Orquesta Católica "Renacer en el Espíritu".
- Autor además de las canciones Jesús Mírame, Abrázame Señor, Ya Viene el Señor, Te Adoro mi dulce Jesús, confío en Ti, Ofrenda para ti, María Madre mía, Siento que me tocas, Te Seguiré, ¿Dónde estás?, Venid a Mí, Vivir solo para Dios, Animo Levántate, Me habló al

corazón, Gloria a Dios, Llama divina, Hay un gozo grande, Jesús el Nazareno, entre otras.

- Director y fundador del canal de televisión "La Voz de María". La Voz de María Radio y la Guía Litúrgica y Catequética La Voz de María.
- Fundador del colegio "Mi Ángel Custodio", Maimón, Bonao.
- Fundador de la Casa de Retiro "Inmaculada Concepción", Santo Cerro, La Vega.
- Productor y director de varios programas de radio y televisión: Jesús Sana Hoy, Radio y televisión, la Palabra Hecha Vida y Expectativa.
- Autor del libro "Padre Fantino: Profeta y Apóstol de la Iglesia Dominicana", publicado en el año 2012, y del libro: "33 días en Gracia" (Ejercicio espiritual), en el 2015.
- Fundador de la Fundación Jesús entre los Pobres (FUNJEPO) y de múltiples ayudas sociales.
- Fundador del Centro de Evangelización Padre Fantino (Controba, La Vega, R.D.)

Gracias a su amor a la Iglesia y a la Virgen María, el Padre Rafael Delgado Suriel se ha dedicado a dar respuesta clara y eficaz al llamado que Dios hizo a su corazón, entregándose a los más pobres, los más necesitados, los niños, los envejecientes y anunciando el mensaje de salvación por los medios de comunicación.

Esta primera edición de ***Detente, haz una parada en tu vida,*** de *Rafael Delgado Suriel (Padre Chelo)* consta de dos mil (2,000) ejemplares y se terminó de imprimir en el mes de agosto del año 2020, en los talleres gráficos de *Majo Arteimpresos, S.R.L.,* en la ciudad de San Francisco de Macorís, República Dominicana.

Made in the USA
Middletown, DE
08 August 2021

45628231R00073